VOLVO P 1800
Sportliche Eleganz aus Schweden

autovision

Impressum

© 1998 by autovision - verlag
   Günther & Co., Hamburg

Alle Rechte der Verbreitung, einschließlich Film,
Funk und Fernsehen sowie des auszugsweisen
Nachdrucks, insbesondere die Nutzung von
Ausschnitten zu Werbezwecken, vorbehalten.

Verantwortliche Autoren:
   Dieter Günther, Hamburg
   Walter Wolf, Riedstadt

Übersetzung der schwedischen Texte:
   Walter Wolf, Riedstadt

Titelgestaltung und Layout:
   Claudia Osterloh und Martina Wessels

Belichtung:
   Satzstudio Trageser, Bremen

Druck:
   Mediaprint Informationstechnologie GmbH, Paderborn

Printed in Germany

ISBN 3-9805832-2-8

Inhalt

- **5** **Vorwort**
  von Pelle Petterson
- **9** **Keine Kunst?**
  Volvos erster Sportwagen mit Kunststoffkarosserie
- **15** **Prototypen zum Ersten...**
  Vom Projekt 958 zum P 1800
- **23** **Modellgeschichte P 1800**
  Die Erfolgsstory des Coupés – Vom P 1800 zum P 1800 E
- **49** **Prototypen zum Zweiten...**
  Auf dem Weg zum Schneewittchensarg
- **55** **Schwanengesang**
  Der Schneewittchensarg
- **61** **Prototypen zum Dritten...**
  Sondermodelle und Einzelstücke
- **65** **Fremdgänger**
  Herztransplantation
- **67** **Erfüllte Wünsche**
  Zubehör für den P 1800
- **73** **Originalzubehör**
  wie der Volvo P 1800 noch schöner wird
- **75** **No Sports...**
  Der P 1800 im Motorsport
- **79** **...but Tuning!**
  Volle Kraft voraus
- **87** **Kaufberatung**
  Bezahlbare Klassiker
- **93** **Grenzenlos**
  Volvo in Deutschland, in Österreich und in der Schweiz
- **95** **Prospekte**
  Der Star auf Hochglanzpapier
- **97** **Modelle**
  Der Volvo P 1800 en miniature
- **105** **Was es sonst noch gab...**
  Rund um den Volvo P 1800
- **109** **Technische Daten**
  Schnell nachgeschlagen
- **112** **Dank**

Vorwort
von Pelle Petterson

In Fruas Werkstatt entsteht 1957 der erste Prototyp

1943: in Schweden waren Seifenkistenrennen äußerst populär. Pelle Petterson mit seinem Bugatti-inspirierten Eigenbau wurde Schwedischer Meister der Elfjährigen

Die Zufälle des Lebens führten Regie bei all den Vorgängen, die dazu führten, daß ich der Designer des P 1800 wurde.

Mein Vater, Helmer Petterson, war ein Autoenthusiast. Bekannt wurde er als Schöpfer des Buckel-Volvo. Während der Arbeit am PV 444 durfte ich meinen Vater oft in die Modellwerkstatt begleiten und erlebte sehr früh, wie Prototypen entstanden. In den Werkstätten bekam ich immer Werkzeug und Material, um meinen eigenen Ideen Gestalt zu verleihen. Während der Kriegsjahre waren Seifenkistenrennen in Schweden sehr populär. 1943 baute ich als Elfjähriger mit meinem Vater einen sehr erfolgreichen Renner.

Schon zu diesem Zeitpunkt war klar, daß meine Zukunft in der Formgebung und Entwicklung von Autos liegen würde. Als nach dem Zweiten Weltkrieg die PV 444-Modelle in großen Stückzahlen in Göteborg produziert wurden, jobbte ich in den Sommerferien immer am Fließband bei Volvo. Dem Abitur folgte eine technische Ausbildung und ein Kunststudium. Ab 1955 schließlich besuchte ich die New Yorker Designschule Pratt Institute mit dem Hauptfach »transportation design«.

Im Frühjahr 1957 erhielt mein Vater von der Volvo-Führung als Projektleiter den Auftrag, einen italienisch inspirierten Sportwagen zu entwickeln. Dieser sollte auf der gekürzten und etwas tiefer gelegten Bodengruppe des Amazon aufbauen.

Während meines letzten Studienjahres im Pratt Institute erzählte mir mein Vater von dem Projekt – und ich begann einige Skizzen anzufertigen. Nach dem Abschluß des Pratt Institute im Juni 1957 bekam ich meine erste Anstellung bei Frua in Turin. Noch während des Sommers sollten Designvorschläge nach Göteborg an Direktor Engellau und den Volvo-Vorstand geliefert werden.

Fünf Alternativen standen zur Wahl, zwei von Ghia, zwei von Frua und meiner. Auf allen Skizzen fehlte die Signatur, weshalb nicht ersichtlich war, von wem welcher Vorschlag stammte. Mein Entwurf wurde von der Volvo-Führung ausgewählt, was mich natürlich enorm beflügelte und ich mit einem unerhörten Enthusiasmus an die weitere Arbeit ging. Jetzt folgte ein unermüdliches Skizzieren und Modellieren. Zeichnungen und Vermaßungen des gesamten Fahrzeugs in natürlicher Größe und von allen Details wurden angefertigt. Es war für mich eine wahnsinnige Herausforderung, die Gestaltung eines Produkts bis ins kleinste Detail zu übernehmen. Zudem funktionierte die Zusammenarbeit mit den äußerst geschickten und erfahrenen italienischen Handwerkern sehr gut, trotz diverser Verständigungsschwierigkeiten. Aber mit Zeichensprache, einigen Brocken Englisch und Italienisch kamen wir hervorragend miteinander klar.

Mein Vater arbeitete hauptsächlich mit dem Chassis, der Bodenplatte und dem Zusammenbau der gesamten Karosserie. Wir hatten aus Schweden ein paar Amazon mitgenommen, die als technische Versuchsträger dienten. Die verwendeten B16B-Aggregate wurden u.a. in Zusammenarbeit mit Abarth getunt. Ich hatte das Vergnügen, mit Vollgas auf der Rennbahn von Monza einen getunten Amazon zu fahren. Des weiteren standen viele Reisen zu Lieferanten auf dem Programm, so nach Deutschland zu u.a. VDO, Hella, Bosch usw.

Im Dezember 1957 war der erste Prototyp zur Präsentation fertig. Direktor Engellau kam nach Turin, um sich das Auto genau anzusehen, bevor es nach Göteborg verschifft wurde. Dieser Prototyp war in hellblau-metallic lackiert, was dem Auto ungemein gut stand. Gleichwohl mußte ich ein gehöriges Maß an Kritik einstecken, weil ich den Volvo-Schriftzug auf der C-Säule und auf der Frontmaske sehr eigenwillig gestaltet hatte.

Familienunternehmen: Pelles Vater, Helmer Petterson, war der Vater des Buckel-Volvo und Entwicklungschef der nachfolgenden Modelle. Er ist zu Recht stolz auf seinen Sohn

Die Grundform ist im großen und ganzen schon fertig. Stilelemente des von Graf Goertz entworfenen BMW 507 sind bei der Formgebung der Front nicht zu übersehen, wurden jedoch zugunsten eines eigenständigen Designs wieder verworfen

Wenn die Linienführung dieses reinrassigen Sportwagens nicht die Volvo-Führung beeindruckte was hätte es sonst tun können?

Auch die Frontpartie hat hier schon weitgehend fertige Züge angenommen – obwohl die Linienführung der Stoßstange beim Premierenmodell noch nicht zu finden war

Rechts:
Die Umsetzung der Entwürfe in ein erstes konkretes Modell

Nach und nach wurden einige weitere Details wie Knöpfe und Schalter des Armaturenbretts, Heckleuchten, Auspuffendrohre, Nummernschildhalter, Stoßstangen usw. geändert.

Zwei weitere Prototypen entstanden bei Frua, bis das ganze Projekt nach Deutschland verlegt wurde. Lange Gespräche und schwierige Verhandlungen fanden mit mehreren deutschen Herstellern statt, so mit Karmann in Osnabrück, mit den Vidal-Werken in Hamburg, mit NSU, Hanomag und Drauz in Heilbronn. Selbst Kontakte zu Budd, Philadelphia/USA wurden geknüpft. Nach endlosem Hin und Her erhielt am Ende Pressed Steel in Oxford den Zuschlag. Während des ganzen Hick-Hacks war mein Vater in seinem Eifer, unser Projetkt zu realisieren, zeitweise so frustriert, daß er drauf und dran war, selbst unter die Automobilproduzenten zu gehen!

Ich muß wohl nicht noch groß betonen, daß für mich als frischgebackener Industriedesigner dies eine der interessantesten Zeiten in meinem Leben war. So viele Zufälle hatten mir die Möglichkeit eröffnet, an der Gestaltung des P 1800 mitzuwirken.

Immer wenn ich heute einen P 1800 fahren sehe, weckt dies in mir einen gewissen Stolz und gleichzeitig erwachen eine Menge Erinnerungen – an eine Zeit die nun schon über vierzig Jahre zurückliegt.

Pelle Petterson
Kullavik, Oktober 1998

Keine Kunst?
Volvos erster Sportwagen mit Kunststoffkarosserie

1954 überraschte der eher konservative schwedische Hersteller Volvo die Welt mit der Vorstellung des Prototyps eines Sportwagens, dessen Karosserie aus dem revolutionär neuen Material Kunststoff bestand. Obwohl im Januar 1955 auf dem Brüsseler Automobilsalon der Volvo Sport als serienreif gezeigt wurde, kam die Produktion wegen Qualitätsproblemen nie so recht in Gang. Nach nur 67 hergestellten Exemplaren gab man in Göteborg die Fertigung im Mai 1957 wieder auf. Volvos erstes Sportwagenprojekt erwies sich als Flop.

In keinem anderen Jahrzehnt wurde im Kraftfahrzeugbau so viel experimentiert wie in den fünfziger Jahren. Im Karosseriebau hieß der neue Experimentalwerkstoff Kunststoff. Hiermit wurde es erstmals möglich, Karosserien auch in kleinen Serien zu erschwinglichen Preisen aufzulegen, da die horrenden Kosten der Preßwerkzeuge für die Blechteile wegfielen, obwohl das Material selbst weitaus teurer als Karosserie-Tiefziehblech ist.

Bahnbrechend war 1953 zweifellos Chevrolets Corvette gewesen, in deren Kielwasser ein Jahr später der Kaiser-Darrin – ebenfalls mit Kunststoffkarosserie – daherkam. Begeistert wurden denn auch in den USA die Vorteile des neuen Werkstoffs gepriesen: nicht rostend, leichter, stabiler, geräusch- und schwingungsdämpfend, besser isolierend gegen Hitze und Kälte. Daß es trotzdem Nachteile geben kann, ignorierte man in der

Keine Kunst?
Volvos wunderschöner
Kunststoffsportler

Der P 1900 im Detail – mit einigen spezifischen Merkmalen wie dem reichbestückten Armaturenbrett, dem schwarzen Dreispeichen-Lenkrad...

...sowie den vollversenkbaren Seitenscheiben, die sich allesamt herunterkurbeln ließen

Wie die meisten seiner Zeitgenossen setzte auch der P 1900 auf bauchige, fließende Linien

allgemeinen Euphorie; man hatte auch noch keine größeren Erfahrungen mit dem neuen Werkstoff im Karosseriebau gemacht.

Schlauer war auf diesem Sektor der Präsident von Volvo, Assar Gabrielsson. Er hielt sich seit den dreißiger Jahren regelmäßig in den USA auf, um dort Zulieferfirmen wie Spicer, Wagner, Lockheed oder Carter zu besuchen und um sich über die neusten Entwicklungen im Automobilbau zu informieren.

1953 bereiste Gabrielsson längere Zeit die Staaten, hauptsächlich um Volvos bis dahin größten Schritt – nämlich den über den Atlantik auf den amerikanischen Markt – vorzubereiten. Dazu gehörte natürlich auch eine eingehende Marktanalyse. Als eine von Gabrielssons wichtigsten Erkenntnissen kristallisierte sich sehr bald heraus, daß das amerikanische Interesse für Sportwagen – vor allem europäischer Provenienz – rege und der amerikanische Markt groß genug war, um auch Volvo ein Stück vom Kuchen abbekommen zu lassen. Nicht zu verachten war zudem der Imageaspekt für einen Hersteller, der sich anschickte, mit seinen grundsoliden und konservativen Limousinen (PV 444 und später P 1200, der sich noch in der Entwicklung befand und 1956 vorgestellt werden sollte) den amerikanischen Markt zu erobern. Kurz vor Gabrielssons Abreise aus Schweden hatte man in Göteborg mit den Testläufen des neuen Sportmotors (B14A) begonnen, bei dem es sich um die speziell für den amerikanischen Markt frisierte Version des Standardmotors B4B handelte. Die gedankliche Brücke – einfach herzustellende Karosserie, Sportmotor, sehr gute Absatzchancen in den USA – war geschaffen. In aller Eile wurde daraufhin eine Verbindung zu Glasspar Inc., dem Pionier auf dem Gebiet der Verarbeitung von glasfaserverstärkten Kunststoffen für Bootskörper und Autokarosserien, hergestellt, und Gabrielsson reiste nach Kalifornien, zum Firmensitz von Glasspar.

Schnell wurde man handelseinig: Glasspar erhielt von Gabrielsson den Auftrag, für Volvo eine geeignete Karosserie zu entwickeln. Volvos Präsident ging ja zu Recht davon aus, daß man die mechanischen Zutaten in Form des PV 444 und des Sportmotors schon hatte. Was fehlte, war einzig eine die amerikanischen Käufer ansprechende Karosserie. Und um den amerikanischen Geschmack zu treffen, könne diese nur von einer amerikanischen Firma entworfen werden. Den Auftrag an Glasspar zu vergeben war nur folgerichtig. Bill Tritt, der Glasspar-Designer, machte sich an die Arbeit. Die erste Karosserie war so schnell fertig, daß sie in Schweden ankam, bevor Gabrielsson zurückkehrte. In Hisingen, einem Vorort von Göteborg, wo Volvo seine Autos baut, sah man der ganzen Aktion mit gemischten Gefühlen entgegen, auch der Order, schnellstens ein geeignetes Fahrgestell auf Basis des PV 444 auf die Räder zu stellen. Das war notwendig, weil die Kunststoffkarosserie einen Rahmen benötigte, im Gegensatz zum PV 444, der eine selbsttragende Karosserie besaß. Da der Volvo-Sportwagen nur als Zweisitzer konzipiert war, lag es auch nahe, den Radstand des Buckel von 2.600 mm auf das ideale Sportwagenmaß von 2.400 mm zu verkürzen. Als man den Prototyp bei Volvo zum erstenmal in natura zu Gesicht bekam, zog man lange Gesichter.

Jan Wilsgaard, Schöpfer des legendären Amazon-Modells und bis Mitte der achtziger Jahre Chefdesigner bei Volvo – überarbeitete den Glasspar-Entwurf. So änderte er die komplette Frontpartie ab. Das charakteristische, von Wilsgaard geschaffene Gesicht des Volvo Sport (der die interne Bezeichnung P 1900 erhielt) hatte große Ähnlichkeit mit anderen Entwürfen von ihm, so mit den beiden Prototypen PV 179 und PV 358, und kehrte schließlich im Modell P 164 wieder. Jedenfalls wurden nach Wilsgaards Entwürfen bei Glasspar die Formen überarbeitet und 20 Karosserien nach Schweden geliefert.

Bei Volvo hatte man alle Hände voll zu tun, um wenigstens die gröbsten Mängel dieser Rohkarosserien zu beseitigen. So waren sie beispielsweise asymmetrisch: Die Außenmaße der Karosserie waren links und rechts verschieden.

Nachdem Wilsgaards Karosserieentwurf feststand, machte sich ein Team von zehn Mann unter der Leitung von Raymond Eknor und Tor Berthelius an die Arbeit, ein entsprechendes Fahrgestell zu bauen. Den Rahmen fertigte man aus 1,5 Zoll starkem Stahlrohr mit äußeren – aus Gewichtsgründen gelochten – Schwellern. Die Mechanik entstammte der Serienproduktion des PV 444: Achsen, Dreiganggetriebe mit unsynchronisiertem Ersten, gekürzte Kardanwelle und Motor. Die Serienmaschine mit der Bezeichnung B4B war durch Überarbeitung entsprechend in ihrer Leistung gesteigert worden und hieß dann B14A: 70 SAE-PS bei 6.000 U/min entlockte man dem 1,4-Liter-Aggregat durch Erhöhung der Kompression (von 6,5 auf 7,8), durch größere Einlaßventile, schärfere Nockenwelle, härtere Ventilfedern, doppelte SU HS-2-Vergaser und eine nitriergehärtete Kurbelwelle mit Dreistofflagern (die dann unverändert in den B16B genannten 1,6-Liter-Sportmotor, der den B14A ablöste, übernommen wurde). Für seine Zeit und die ohv-Konstruktion war das ein durchaus rasantes Motörchen. Um den Motor auch optisch herauszuheben, lackierte man ihn rot – im Gegensatz zu den grünen B4B-Maschinen. Der B14A-Sportmotor war von vornherein als reiner Exportmotor für den amerikanischen Markt gedacht, da sich

Formvollendet: Der schicke Schwede mit seinem offenherzigen Body. Damals ruinierten Qualitätsprobleme seinen Ruf, heute ist er die Attraktion eines jeden Volvo-Treffens

Wasserdicht: das aufwendig gearbeitete Stoffverdeck des P 1900. Der damit in jedem Fall eine gute Figur machte

der Einfuhrzollsatz nach der stärksten im Produktionsland lieferbaren Motorversion richtete.

In Schweden mußten Volvo-Fahrer mit sportlichen Ambitionen ihr Fahrzeug selbst tunen, während der Sportmotor dem amerikanischen Markt vorbehalten blieb, um dort gegen die starke Konkurrenz der anderen europäischen, vor allem englischen Hersteller bestehen zu können; geliefert wurde er in die USA nämlich in allen Modellen: Buckel (PV 444), Buckelkombi (PV 445) und Volvo Sport (P 1900).

Glaspar hatte man – außer zu der ersten Prototypkarosserie – zur Produktion weiterer 20 Karosserien vertraglich verpflichtet. Zu deren Herstellung sandte man einen Volvo-Techniker nach Kalifornien, der vor Ort die Herstellungstechnik studieren sollte. Alle weiteren Karosserien wollte man selbst in Göteborg produzieren. Von den gelieferten Glaspar-Karosserien wurden aber nur wenige zu fertigen Fahrzeugen verbaut. Deren größter Fehler war nämlich das Hardtop: Man mußte es entweder zu Hause lassen, mit dem Risiko, bei Regen naß zu werden, oder man fuhr konstant mit ihm – denn im Fahrzeug ließ es sich nicht unterbringen – und wurde bei Regen trotzdem naß. Egal was man auch versuchte, dicht zu bekommen war das Hardtop nicht. Ohne Wettervorhersage ging nichts. Desweiteren waren die Ausstellfenster Attrappen, da fest montiert. Lediglich die nach bester englischer Steckscheibenmanier konstruierten Seitenscheiben ließen sich leicht nach hinten winkeln. Stilistisch unschön waren zudem Motor- und Kofferraumhaube, die aus fertigungstechnischen Gründen bei Glaspar auf der Karosserie »auflagen«. Das allererste Fahrzeug, noch mit Panoramawindschutzscheibe, wurde deshalb auch nie der Öffentlichkeit gezeigt.

Nachdem man glaubte, alle Hauptprobleme ausgemerzt zu haben, wagte man am 2. Juni 1954 auf dem Göteborger Flughafen Torslanda die öffentliche Vorstellung und stieß sofort auf lebhaftes Interesse. Obwohl man in aller Deutlichkeit immer wieder zu verstehen gab, daß es primär ein Exportfahrzeug sei, tingelte man zusammen mit den wirklichen Neuheiten, dem revolutionären Lkw Volvo Titan mit 185 PS starkem Turbodieselmotor und dem PV 834 Express, zwei Monate lang durch Schweden – von einem Volvo-Händler zum nächsten. Das Interesse war groß, doch potentielle Kaufinteressenten wurden mehr oder weniger abgewimmelt mit dem Hinweis, daß es sich ausschließlich um ein Fahrzeug für den Export handele: »Volvo Sport für den Export« war denn auch der Slogan.

Die 1954 der Öffentlichkeit gezeigten Prototypen wurden umfangreichen Tests unterzogen, bevor man das wiederum überarbeitete Fahrzeug im Januar 1955 auf dem

Brüsseler Automobilsalon der Weltöffentlichkeit präsentierte. So hatte man die Kofferraumhaube nun plan in die Karosserie eingepaßt, das Hardtop zugunsten eines Cabriofaltdaches aufgegeben, die Türen mit Kurbelscheiben und neuer Aufhängung versehen, die Pläne für ein ZF-Fünfganggetriebe aufgegeben, genauso wie jene, ohne Reserverad auszukommen, nachdem man die Sensation, nämlich eine neue Reifengeneration »Trelleborg-Safe-T-Tire« der Reifenfabrik Trelleborg, getestet hatte. Glaubte man ursprünglich ohne Reserverad auszukommen, weil der neue Reifen sich bei kleineren Beschädigungen durch seine Elastizität selbst abdichten sollte, so hatte das in Brüssel gezeigte Fahrzeug wieder ein Ersatzrad, weil die selbstabdichtenden Eigenschaften des Reifens durch Aushärten in kürzester Zeit verloren gingen.

Es sollte noch einmal fast ein Jahr vergehen, bis die ersten Fahrzeuge im Frühjahr 1956 ausgeliefert werden konnten. Da sich das Interesse im Ausland in Grenzen hielt, war der P 1900 plötzlich auch in Schweden erhältlich, aber auch hier war die Nachfrage mehr als gering. 1956 wurden nur 44 und 1957 lediglich 23 Fahrzeuge hergestellt, bis am 21. Mai 1957 die Produktion nach 67 gebauten Exemplaren eingestellt wurde.

Ausgeliefert wurden die Fahrzeuge nur in drei Farben: Creme, Hellblau und Hellgrau. Die Innenpolsterung war in rotem Leder ausgeführt, das Verdeck wurde in Schwarz gehalten, und die Felgen waren an allen Fahrzeugen in Rot lackiert. Und trotzdem, der P 1900 war ein Flop, der größte in der Geschichte von Volvo. Die Gründe dafür sind vielfältig. Da störte vor allem der mit 19.500 Kronen sehr hohe Preis. Fürs gleiche Geld konnte man sich in Schweden zwei PV 444 oder einen Mercedes 190 SL kaufen und erhielt dann einen grundsoliden, reinrassigen deutschen Sportwagen, der nicht mit endlosen Kinderkrankheiten behaftet war. Denn die neue Bauart des P 1900 mit Rohrrahmen und Kunststoffkarosserie bekam man bei Volvo nie richtig in den Griff. Verglichen mit einem 190 SL wirkte der Volvo Sport »billig«. Hinzu kam, daß man 1956, als die Serienproduktion des P 1200 (Amazon) anlief, die Produktionskapazitäten für den Buckel-Nachfolger benötigte. Im gleichen Jahr löste Gunnar Engellau Assar Gabrielsson als Volvo-Boß ab. Der neue Volvo-Obere fuhr einen P 1900 über ein Wochenende zur Probe und schlug vor Entsetzen die Hände über dem Kopf zusammen: Das war kein Auto mit den traditionellen Volvo-Qualitäten.

Die Order zur Produktionseinstellung kam postwendend, vor allem nachdem Engellau auch das Urteil von Helmer Petterson eingeholt hatte. Helmer Petterson, Anfang der vierziger Jahre Initiator des Buckel-Volvo, hatte zusammen mit Pelle Nyström von Januar bis März 1956 einen Langstreckentest über 16.000 km durch Südeuropa und Nordafrika mit einem der ersten der Serienfertigung entnommenen Fahrzeuge hinter sich gebracht.

Die Werkszeitung *Ratten* (Lenkrad) versuchte den Test mit Glanz und Gloria als Reisebericht zu verkaufen. Die abschließende

Volvo sprach lange Zeit nicht vom P 1900, sondern nur vom »Sport«. Gunnar Engellau war offenbar kein »Sportler«...

Beurteilung durch Petterson hätte jedoch nicht negativer ausfallen können: Der Rahmen war nicht verwindungssteif und hatte sich verzogen, wodurch die Auflagepunkte der starren Kunststoffkarosserie anfingen zu bröseln, die Türscharniere waren ausgerissen usw. Insgesamt kam der von Helmer Petterson – bekannt für seine Parforceritte – quer durch Europa gescheuchte Wagen in einem jämmerlichen Zustand nach Göteborg zurück. Das einzig Positive, das er von seiner Reise berichten konnte, war die Art der Schadensbehebung nach einem glimpflich verlaufenen Zusammenstoß mit einem Telegrafenmasten in Italien nach einem Ausweichmanöver. An Ort und Stelle hatte eine italienische Firma (spezialisiert auf Bootsrümpfe aus GFK) die Trümmer wieder zusammengeklebt. Pettersons abschließendes Urteil war, daß Karosserie und Rahmen des Volvo Sport in keiner Weise dem, was unter Volvo-Qualität zu verstehen ist, entsprach.

Obwohl Volvo bei der Produktionsplanung mit dem Slogan »Volvo Sport für den Export« hauptsächlich auf den amerikanischen Markt zielte, wurde die Mehrzahl der P 1900, 38 Fahrzeuge, in Schweden verkauft. Oder besser gesagt: gewonnen. Einige wurden nämlich als Hauptgewinn bei Lotterien ausgesetzt. Klar, daß der P 1900 sehr schnell seinen Spitznamen als »Lotterieauto« weg hatte, und das war dem angestrebten Image alles andere als zuträglich. Die verbleibenden 29 Fahrzeuge wurden im Ausland in alle Winde zerstreut, schwerpunktmäßig in den USA, Belgien und Brasilien. In Europa existieren heute noch ca. 30 Fahrzeuge, fast ausschließlich in Schweden.

Gunnar Engellau ließ nach nur kurzer Bekanntschaft mit dem Volvo Sport die Produktion einstellen. Er sah jedoch den verkaufsfördernden und werbewirksamen Wert eines Sportwagens. Und da man ja bekanntlich aus Schaden klug wird, vermied er beim Nachfolger begangene Fehler, und Volvo präsentierte nach nur dreijähriger Entwicklungszeit auf dem Autosalon in Brüssel den P 1800, der ein langes und erfolgreiches Leben haben sollte.

Manchmal gelingt es eben erst beim zweiten Versuch.

Prototypen zum Ersten...
Vom Projekt 958 zum P 1800

Daß der Volvo P 1800 so und nicht anders seit Frühjahr 1961 in den Schaufenstern stand, verdanken seine Anbeter vor allem den Herren Petterson: Vater Helmer und Sohn Per, genannt Pelle. Vielleicht hätte es ohne den Senior, der sich mit der Entwicklung des PV 444 schon damals sein eigenes Denkmal gesetzt hatte, den P 1800 nie gegeben. Der erste Anstoß zu einem »vernünftigen Sportwagen« mit solidem Blechkleid (nach dem Debakel mit dem Plastik-Sportler P 1900) soll von ihm gekommen sein. Da das angeregte Projekt Sinn machte – ein Sportwagen war stets gut fürs Image, zumal auf dem verlockenden US-Markt – stieß es auch bei Gunnar Engellau auf Zustimmung und erhielt im April 1957 unter dem internen Kürzel P 958 grünes Licht. Nur mit Helmer Pettersons skizzierten Vorstellungen zum Thema »vernünftiger Sportwagen« mochte sich der neue Volvo-Boß nicht so recht anfreunden.

Also erhielt der alte Petterson den Auftrag, nach Italien zu reisen und zu sehen, was

Italienische Impressionen: Einer der drei von Frua gefertigten Prototypen wird von einer schwedischen Delegation um Gunnar Engellau begutachtet. Das Foto wurde am 27. August 1959 aufgenommen

Vällkommen till Sverige! Der nagelneue 1800er fügt sich nahtlos in das üppige Volvo-Programm ein

man dort tun könne, so Gunnar Engellau (zitiert nach Karl Ludvigsen, 50 Years of Volvo, in: Car Classics, August 1977). Anders ausgedrückt: Nicht die eigene Design-Abteilung mit dem hochbegabten Jan Wilsgaard an der Spitze sollte die Außenhaut des Neulings entwerfen und anschließend einen entsprechenden Prototyp bauen, sondern einer der berühmten italienischen Karosserieschneider. Was plötzlich Pelle Petterson ins Spiel brachte. Dieser hoffnungsfrohe junge Mann – er war damals 23 Jahre alt – hatte Industriedesign am renommierten amerikanischen Pratt Institute studiert und vervollständigte nun auf Empfehlung des Herrn Papa seine Ausbildung bei Ghia in Turin. Ganz praktisch war, daß sich in seinem Gepäck Zeichnungen befanden, die ein 2 + 2-sitziges Sport-Coupé zeigten...

Vielleicht verständlich, daß sich Helmer Petterson an Ghia wandte und Luigi Segre, den dynamischen Chef des Hauses, um Vorschläge für das geplante Sportmodell bat! Segre sagte zu, fuhr aber zweigleisig: Pietro Frua, ein anderer großer Designer und Karosseriebauer aus Turin und seit Mitte der fünfziger Jahre mit Ghia mehr oder weniger eng verbandelt (wie eng, darüber streitet man sich heute), sollte sich ebenfalls Gedanken über den Volvo-Auftrag machen. Wieder war Pelle Petterson mit von der Partie, da der junge Mann aus Schweden pikanterweise zum damaligen Zeitpunkt gerade an Frua ausgeliehen war. Und schließlich gab es ja noch die Skizzen von Pelle Petterson selbst, an die er zwischen dem 29. und dem 31. Juli 1957 letzte Hand anlegte.

Überzeugend: Der von Per »Pelle« Pettersson erarbeitete Entwurf des neuen Volvo-Sportwagens fand auf Anhieb die Zustimmung der Verantwortlichen

Für die spätere Serienfertigung erfuhr das Auto nur geringfügige Detail-Retuschen – an der Linie selbst gab es nichts zu beanstanden

Sportlich-luxuriös: Das P 1800-Cockpit begeistert offenbar auch diesen italienischen Herrn. Der Schaltknopf bei diesem Prototyp ist noch weiß...

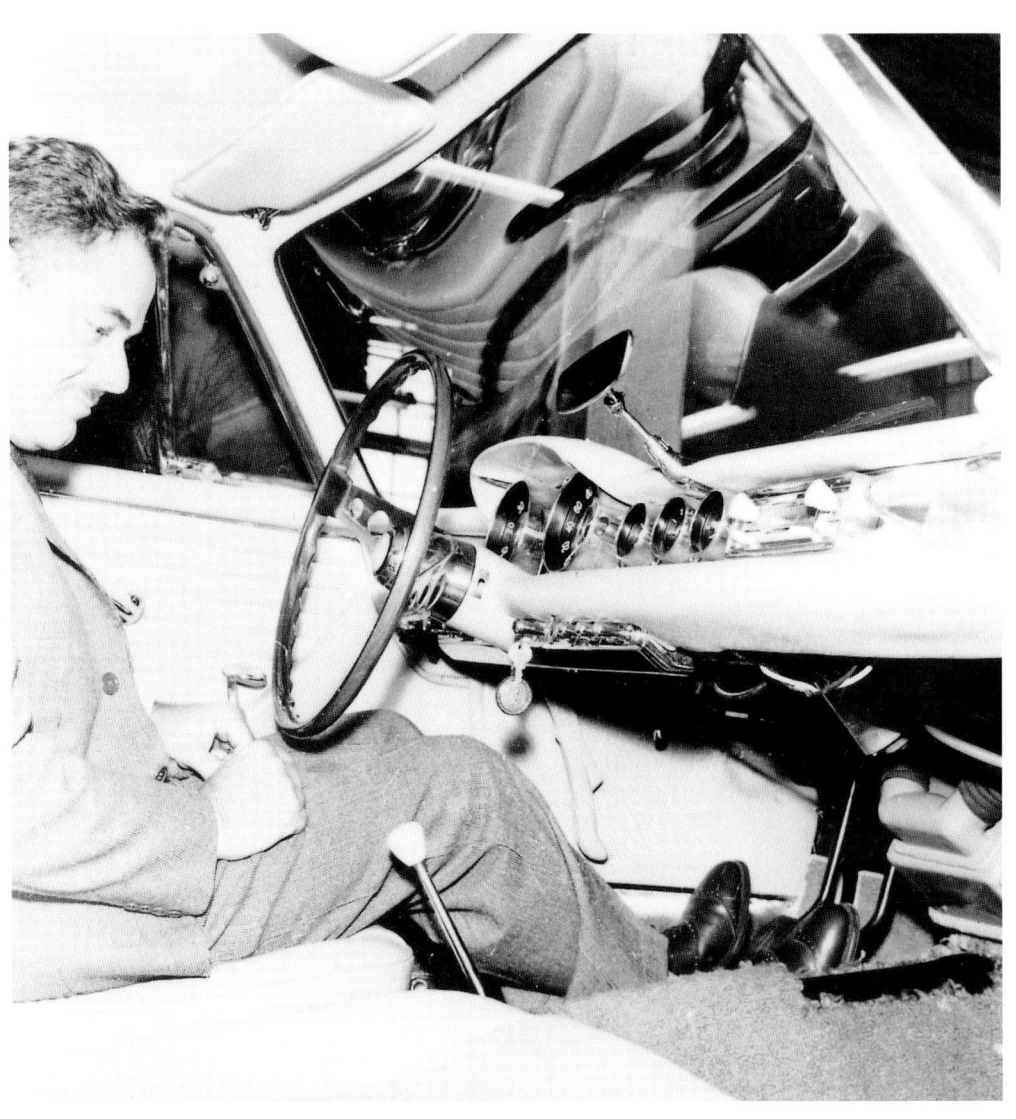

...später kam eine schwarze Ausführung zum Zuge. Auch das elegante Holzlenkrad war serienmäßig nicht mehr lieferbar

Nimm zwei: Die hintere Rückbank des P 1800 konnte Erwachsenen kaum zugemutet werden

Einige Tage später reiste Segre mit fünf verschiedenen Entwürfen nach Göteborg: Zwei von Ghia selbst, zwei von Frua sowie einem Entwurf des jungen Herrn Petterson. Alle fünf wurden Engellau präsentiert – und der entschied sich spontan und ohne zu wissen, von wem die Arbeiten stammten, für Pelles Vorschlag! Daß er getobt haben soll, als er den Namen des Urhebers erfuhr, spielte letztendlich keine Rolle: Engellau blieb bei seiner Entscheidung. Der Entwurf wurde übrigens, wie branchenüblich, nicht seinem Designer zugeschrieben, sondern dem Studio, für das dieser Designer arbeitete. Zu Recht reklamierte deshalb Frua den P 1800 für sich – eine Position, der sich Volvo anschloß. Was Ghia-Chronist David Burgess Wise nicht daran hindert zu schreiben: »For the Gothenburg company... Ghia created a classic coupé, the P 1800« (in: Ghia – Ford's Carrozzeria, S. 87).

Frua erhielt von den Schweden den Auftrag, insgesamt drei Prototypen des neuen Modells in seinem Atelier zu fertigen – nach den Entwürfen von Pelle P., die dazu leicht retuschiert wurden (eher aus produktionstechnischen denn aus optischen Gründen). Aber auch Helmer Petterson blieb eng mit P 958 verbunden: Die unter dem schicken Blechkleid verborgene, selbsttragend ausgelegte Karosseriestruktur hatte er konstruiert. Offenbar gut konstruiert, denn bereits im Dezember 1957 stand der erste der drei Prototypen, der metallic-blaue P 958-X1, auf seinen Rädern. »Es war dieser Wagen, der uns beschließen ließ, das Auto zu produzieren«, soll Engellau später gesagt haben.

Als man bei Frua X2 (cremegelb) in Angriff nahm, war der ältere der beiden Pettersons bereits wieder on tour. Es galt, die wohl wichtigste Frage überhaupt zu klären: Wer sollte die Serienherstellung des neuen Sportmodells übernehmen? Volvo selbst kam, mangels ausreichender Kapazitäten, nicht in Frage. Aber vielleicht die Wilhelm Karmann GmbH in Deutschland – ein Tip, der vermutlich von Ghia-Boß Luigi Segre

Vorserie:
Die runde Tankklappe wurde später durch eine eckige ersetzt und wanderte auf die andere Seite...

...Auch die hintere Kuhhorn-Stoßstange wurde beim Serienmodell begradigt

Triebhaft:
Der hier erstmals eingesetzte B18-Motor. Bemerkenswert sind unter anderem die eckigen Luftfilter

Ebenfalls einer von Dreien: »X1PP«, das erste von drei bei Jensen gefertigten Vorserien-Modellen. Es traf im März 1960 in Göteburg ein und unterschied sich noch geringfügig von der späteren Serienausführung stammte. Schließlich fertigte man dort den VW Karmann-Ghia ... Petterson setzte sich also in den X1 und startete zu einer vorweihnachtlichen Fahrt nach Osnabrück, wo man das Projekt diskutierte und zu einer Einigung gelangte. Einzige Einschränkung: Bei Karmann benötigte man Rückendeckung aus Wolfsburg. Und genau die gab es nicht, im Gegenteil. Dort machte man unmißverständlich klar, daß man einen in Osnabrück gebauten, potentiellen Konkurrenten des Karmann-Ghia alles andere als witzig finden würde. Woraufhin Wilhelm Karmann höflich, aber bestimmt abwinkte.

Damit war die Serienfertigung des geplanten Neulings wieder in weite Ferne gerückt. Schlimmer noch: Das Interesse der Volvo-Spitze an P 958 schien zu erlahmen. Woraufhin Vater und Sohn Petterson allen Ernstes nach einem Weg suchten, das Coupé in eigener Regie auf den Markt zu bringen! Als sie dabei tatsächlich Unterstützung bei der Industrie fanden, wurde man bei Volvo wieder aktiv. Die zermürbende und vor allem zeitraubende Suche nach einem geeigneten Partner ging also weiter. T. G. Andersson, Mitglied des Volvo-Vorstands, schickte Tor Berthelius nach Deutschland (zu Drauz bzw. NSU und zu Hanomag) sowie Raymond Eknor nach England. Der errang dort im Dezember 1958 einen Teilerfolg: Die Pressed Steel Company verpflichtete sich, in ihrem

Werk im schottischen Linwood (nahe Paisley) zumindest die Fertigung der Karosserien zu übernehmen. Aber wer würde das Auto komplettieren, es lackieren und mit seinem Innenleben versehen? Wieder wurde man in England fündig und schloß mit der angesehenen Jensen Motors Ltd. in West Bromwich/Staffordshire (vor allem als Hersteller sportlicher Luxuswagen bekannt) einen Vertrag über die Montage von 10.000 Volvo Coupés. Damit waren alle zufrieden: Die Schweden, denen schon die Felle wegzuschwimmen drohten, die Briten (das englische Fachblatt *Motor Sport* meldete im Oktober 1962 stolz, daß der neue Sport-Volvo zu 70 Prozent – etwas hochgegriffen!, d. Verf. – aus britischen Teilen bestehe) und besonders T. G. Andersson: Der wünschte sich die Montage des Neulings in einem Land mit vielen guten Golfplätzen!

Leider hielt die Begeisterung nicht lange an. Volvo hatte mit Jensen die Fertigung von drei Vorserienautos vereinbart, die unter Anleitung von Pelle Petterson in Handarbeit entstanden. Und das dauerte. Bis 958-X1PP, -X2PP und -X3PP (alle angeblich weiß lackiert – oder vielleicht doch grau, rot und weiß?) endlich auf den Rädern standen, hinkte Volvo hoffnungslos hinter dem ursprünglichen Zeitplan her. So legten Streiks die Einrichtung der Produktionsanlagen immer wieder lahm – und dabei hatte Volvo im Mai 1959 erstmals Fotos samt einigen Daten von seinem Neuling veröffentlicht!

Auch deutsche Autoliebhaber bekamen das Sportliche Auto aus Göteborg (*Auto, Motor und Sport* 13/1959, S. 15) zu sehen, zunächst natürlich nur auf Bildern. Immerhin erfuhren sie, daß der Radstand des Coupés gegenüber den Volvo-Tourenwagen von

Aus diesem Blickwinkel ist »X1PP« kaum von späteren Ausführungen zu unterscheiden

Irrtum: In einem Verkaufsprospekt von 1961 tauchte dieses attraktive Foto von einem Frua-Prototyp auf – mit noch attraktiverer Dame

2.600 auf 2.450 mm geschrumpft war, während der Motor mit 85 SAE-PS und die Kraftübertragung unverändert aus der Serie übernommen würden. AMS weiter: »Über den Preis ist nur bekannt, daß man für Schweden mit ca. 14.000 Kronen rechnet, was etwa 10.000 DM entspricht. Damit wäre – auch unter Berücksichtigung der noch hinzukommenden Zollbelastung – dieses recht gut ausgestattete Auto verhältnismäßig preiswert (...) Die Produktion soll allerdings erst Ende 1960 anlaufen«.

Vorher aber, im Januar 1960, stand erst einmal das offizielle Debut des 2 + 2-Sitzers auf dem Programm. Es ging anläßlich des Brüsseler Autosalons über die Bühne, wo Volvo (weil man bei Jensen immer noch an P 958-X1PP werkelte) P 958-X2 zeigte, also den cremegelben Frua-Protoyp. Freilich hatte man mittlerweile eine griffigere Bezeichnung gefunden: Als Volvo P 1800 sollte das neue Modell künftig für Furore sorgen. Tatsächlich ließ sich dieser erste Auftritt in der Öffentlichkeit gut an, denn der attraktive Neuling stieß auf große Resonanz! Nicht anders war es in New York, als der P 1800 auf der im April stattfindenden Motor Show seine Aufwartung in der Neuen Welt machte. Übrigens drehte sich hier mit X3 der dritte Frua-Prototyp auf dem Präsentierteller, dem man zur Feier des Augenblicks Speichenfelgen von Robergel (Frankreich) spendiert hatte.

Im März 1960, also kurz vor Beginn der New York Motor Show, soll der erste englische P 1800 – X1PP – in Göteborg eingetroffen sein, einige Zeit später die beiden anderen Vorserienmodelle. Damit rückte die Serienproduktion endlich, endlich in greifbare Nähe!

Modellgeschichte

Die Erfolgsstory des Coupés – Vom P 1800 zum P 1800 E

Als der P 1800 sein Debut auf dem Auto-Salon in Belgien im Januar 1960 gab, war sich die internationale Fachpresse einig: Ein so internationales Auto habe es bislang nicht gegeben. In England verkündete man stolz Zahlen von über 70 Prozent »Made in Britain«. Und tatsächlich, die englischen Zulieferer hatten ihren Basar geschickt eingebracht: die Vergaser kamen von Skinner Union (S.U.), die Räder von Sankey, Batterie, Schalter, Beleuchtung und der klassische baumwollumflochtene Kabelbaum von Lucas, die Instrumente von Smith, die Gelenkwelle von Spicer, usw. Die Hinterachse kam aus den USA von Hardy Spicer, ebenso wie die Stoßdämpfer von Delco. Die Bremsanlage stammte von Dunlop (Scheibenbremse) und Girling. Letzterer sollte aber sehr schnell die komplette Produktion übernehmen. Die Karosserie stammte aus Schottland von Pressed Steel, und die Endmontage erfolgte bei Jensen Motors in West Bromwich. Ebenfalls aus England stammten die Verglasung (von Triplex und Worcester Windshields) und sämtliche Chromteile der Karosserie (Lucas und Joseph Fray).

Das deutsche Kontingent beschränkte sich auf Zündung, Lichtmaschine und Anlasser von Bosch (SWF durfte die heute so gesuchte Scheibenwaschanlage mit getrennter Pumpe und Behälter beisteuern), die Lenkung der Zahnradfabrik Friedrichshafen sowie diversen Dichtungen und Gummiprofilen. Volvo-Schweden trug lediglich das Herz des ganzen bei: Motor und Getriebe (das Overdrive kam aber schon wieder aus England von Laycock), die Kolben aus Stuttgart von Mahle und die Haupt- und Pleuellager aus England von Vanderville, die Dichtungen von Reinz. Der südlichste Lieferant auf der Weltkarte war Pirelli, die aus Italien die Cinturato-Reifen in der Größe 165 SR 15 beisteuerten.

Dieses englandlastige Verhältnis sollte sich erst im Verlauf der siebziger Jahre deutlich zu ungunsten von »Made in Britain« verschieben, denn mit dem Niedergang der englischen Automobilindustrie waren auch die englischen Zulieferfirmen vor allem im Vergleich mit ihren deutschen Mitbewerbern nicht mehr konkurrenzfähig. Für die Produktion des 240ers zu Beginn der achtziger Jahre benötigte Volvo 650 Zulieferer, 130 aus Deutschland, 60 aus England, 50 aus dem

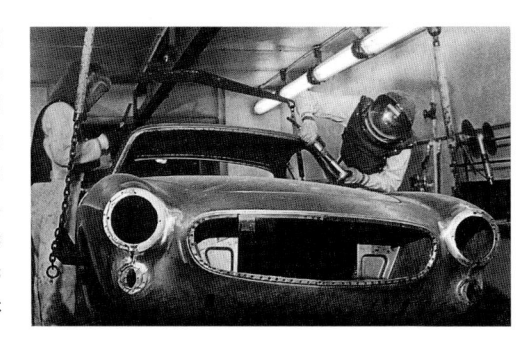

Heja, Sverige! Seit man den 1800er in Schweden montierte (und nicht mehr bei Jensen in England), verbesserte sich die Qualität erheblich. Die Karosserie allerdings wurde bis auf weiteres bei Pressed Steel gefertigt

Endabnahme: Frühe 1800 S-Modelle in Lundby. Mit der Verlagerung der Montage nach Schweden verbesserten sich auch Dinge wie Korrosionsschutz und Lackierung

Freitag, der 16. März 1962. Sieben der ersten rechtsgelenkten Schweden-Coupés wurden den Händlern übergeben. Danach feierte man im Pub. Wo sonst?

restlichen Skandinavien und aus Schweden 320. Hinzu kam die steigende Internationalisierung der Produktion: So konnte ein von Volvo verwandtes und normalerweise aus englischer Produktion stammendes Automatikgetriebe wegen der höheren Qualität bei Borg-Warner in Japan vom Band laufen. Auch hatte man schon früh gelernt, sich gegen englische Streikwellen zu wappnen. Für die Bremsanlage hatte Girling schon längst kein Monopol mehr, denn seit 140er-Zeiten verbaute man parallel dazu deutsche ATE-Komplettpakete.

Zurück zum P 1800: Es sollte noch einmal fast ein ganzes Jahr dauern, bis die Serienproduktion bei Jensen am 7. Mai 1961 anlief. Der erste eher prototypenhafte P 1800 (J1 bzw. P 958 -X1PP genannt) aus England kam bereits im März 1960 in Göteborg an. Bereits hier zeigte sich, was sehr schnell zum anglo-schwedischen Problem werden sollte. Bei Jensen und bei Volvo hatte man unterschiedliche Auffassungen über den Begriff Qualität. Im festen Glauben, die Probleme bis zum Serienanlauf in den Griff zu bekommen, strahlte man auf beiden Seiten

Optimismus aus, vor allem weil zunächst organisatorische Probleme im Vordergrund standen. Bei Jensen war es die Koordination einer ganzen Horde von Zulieferfirmen, bei Volvo hatte man alle Hände mit dem Serienanlauf des neuen B18-Motors und der Umstellung von Buckel und Amazon auf dieses Aggregat sowie der leistungsgesteigerten Spezialausführung für den P 1800 zu tun. Beim neuen PV 544 und der Amazone versah man den Standard-Motor (mit einem Vergaser, intern B18A genannt) in der B18D genannten Sportversion lediglich mit zwei S.U.-Vergasern, wodurch die Leistungsausbeute von 68 auf 80 DIN-PS stieg. Bis auf Vergaser, Luftfilter, Saugrohr und den Anschlüssen waren beide Motorausführungen völlig identisch, d.h. auch Nockenwelle, Verdichtung, Auspuffanlage usw. Anders beim B18B genannten Sportmotor für den P 1800: Hier wurde durch einen flacheren Kopf die Verdichtung erhöht, eine schärfere Nockenwelle (Kennung: C) montiert und eine speziell gerechnete Auspuffanlage sorgte für rechten Sound und ein paar Mehr-PS. Auch äußerlich unterschied sich der P 1800-Sportmotor von seinem zahmeren Pendant in Buckel und Amazon: Zum einen besaß er auffällige quadratische Luftfilter, einen Ölkühler (als Öl-Wasser-Wärmetauscher im Kühlwasserkreislauf integriert) und eine spezielle Lichtmaschine. Während der Standard-Stromlieferant nur ein Kugellager für den Anker und an der Rückseite eine Sinterbuchse mit Öler besaß, wurde mit Rücksicht auf das höhere Drehzahlniveau des sportwagengerecht potenteren B18B (siehe Ölkühler) die wartungsfreie und drehzahlfeste Variante mit zwei Kugellagern von Bosch geordert.

Um das Ergebnis des Produktionsbeginns im Mai 1961 einzuschätzen, wurden die ersten 250 Fahrzeuge (Fahrgestellnummern 001 bis 250) per Schiff nach Göteborg geliefert. Das große Heulen und Zähneklappern begann wegen der miserablen Fertigungsqualität. Bei Jensen rechtfertigte man sich, daß die von Pressed Steel angelieferten Karosserien erhebliche Nacharbeiten erforderten. Nach diversen Diskussionen über die Verbesserung der Qualität erfolgte die Freigabe jedes einzelnen Fahrzeugs durch einen Volvo-Ingenieur vor Ort. Erst nach diesem zusätzlichen Qualitätscheck durfte Jensen die Fahrzeuge direkt an die jeweiligen Landesimporteure ausliefern. Friedhelm Kandek, bei Volvo-Deutschland Hauptverantwortlicher für die Zulassung, erinnert sich noch heute mit Grausen an diese Prozedur.

Die erste Serie trug bei Volvo den internen Code P 1809, wobei nach der Volvo-internen Nomenklatur P 180 die Baureihe des P 1800 bezeichnete und die letzte Zahl, die neun, Montage außerhalb Schwedens bedeutete.

Mal Zugnummer, mal Matrosenliebe: Der stilvolle Schwede kam einfach gut an!

P 1800

Modellcode: VA/HA
Bauzeit: Mai 1961 bis März 1963
Stückzahl: 6.000 Stück
Motor: B18B, 90 DIN-PS
Neupreis: DM 17.500, Sfr 18.500

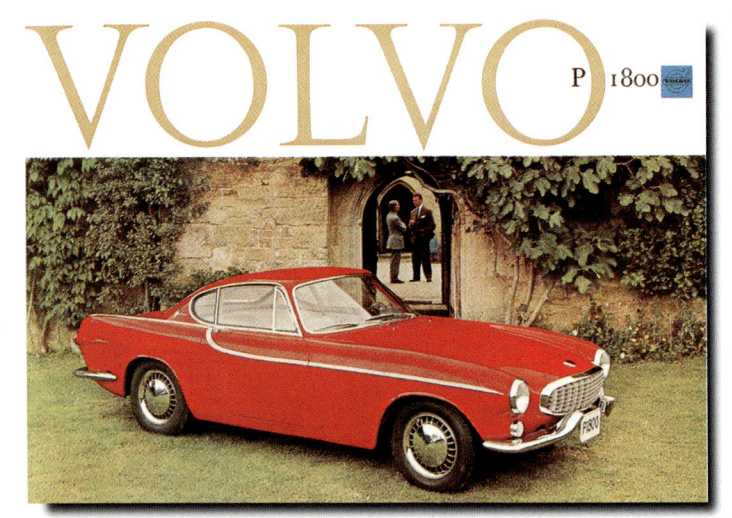

Von der Vorstellung im Mai 1959 bis zum Anlauf der Serienproduktion hatten sich sowohl technische Änderungen – statt der avisierten 85 SAE- gab es nun 90 DIN-PS – als auch optische Modifikationen ergeben. Letztere ergaben sich aus produktionstechnischen Gründen. So endeten die Auspuffrohre beispielsweise nicht mehr im Heckblech, außerdem waren die hinteren Kuhhorn-Stoßstangen begradigt und die fürs Nummernschild eingezogene Aussparung eingespart worden.

Der erste P 1800 der Mitte 1961 nach Deutschland kam, stammte aus der Vorserie. Er diente Volvo-Deutschland als Demo-Objekt und wurde bei der Präsentation auf dem Nürburgring von den Journalisten gequält, um anschließend die Runde bei allen Volvo-Händlern Deutschlands zu drehen. Kein Wunder, daß bei einem so herumgereichten Auto, das beim ersten Test durch *Auto, Motor und Sport* (2/1962) schon 30.000 km probegelaufen war, die Diskrepanz zwischen Anspruch (»Volvo-Wagen haben den Ruf, gebaut zu sein wie eine Burg«) und Wirklichkeit (»Unser P 1800 aber klapperte vernehm.«) von Manfred Jantke, dem Tester, kritisiert wurde. Volvo-Deutschland konnte und wollte das so natürlich nicht stehen lassen und bot Jantke zum Vergleich einen Serienwagen an. »Erst ein vergleichsweise gefahrener Serienwagen konnte dann unsere hohe Meinung von schwedischer Wertarbeit im Automobilbau fast restlos erfüllen. Dennoch schien auch dieser Wagen nicht so von Hausmacher Art zu sein wie die Limousinen. Wie wir hören, sind schwedische Ingenieure schon vor einiger Zeit nach England gereist, um bei der Endinspektion ihres P 1800 künftig zugegen zu sein«.

In seinem Fazit schätzte Jantke denn auch die Chancen des P 1800 auf dem deutschsprachigen Markt sehr realistisch ein: »Der P 1800 spricht mehr noch als die Limousinen einen begrenzten Kreis von Kennern an. Eine gewisse Exklusivität ist ihm darum sicher, und sie wird seine Stärke sein«. Denn das

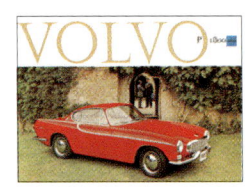

Robust, langlebig und schier unverwüstlich: Das B18-Aggregat, das immer in der Sportausführung B18B mit zwei S.U.-Vergasern antrat, gilt auch heute noch als eines der solidesten Sportwagentriebwerke, die jemals gebaut wurden

Sportlich, sportlich! Das Zweispeichen-Lenkrad mit runden Durchbrüchen und die komplette Ansammlung von Rundinstrumenten zeigten sofort, daß es sich um ein Ausnahmecoupé handelte

große Manko des P 1800 war die Differenz zwischen Sein und Schein. »In seiner Behäbigkeit unterscheidet sich das Coupé von seinen Limousinen-Geschwistern. Während die Volvo-Viersitzer äußerlich untertreiben, ist der P 1800 nicht die Bombe, die man von außen in ihm sehen kann – im Rückspiegel eines vorausfahrenden Wagens wirkt er wie ein Ferrari!«

Testergebnisse
aus *Auto, Motor und Sport* (5/1962)

Fahrleistungen
(Beschleunigung auf effektive Geschwindigkeiten, mit 2 Personen)

0 bis 40 km/h	4,4 s
0 bis 60 km/h	7,2 s
0 bis 80 km/h	10,9 s
0 bis 100 km/h	15,6 s
0 bis 120 km/h	22,4 s
0 bis 140 km/h	32,7 s
1 km, stehendem Start	36,6 s (98,4 km/h)
Höchstgeschwindigkeit	162,5 km/h

Verbrauch auf 100 Kilometer

Autobahn Schnitt 100 km/h	8,4 Liter
Autobahn Schnitt 122 km/h	9,7 Liter
Autobahn Schnitt 132 km/h	11,3 Liter
Landstraße Schnitt 70 km/h	9,9 Liter
Landstraße Schnitt 89 km/h	13,8 Liter
Testverbrauch	10,8 Liter

Von den in England produzierten Modellen dürfte heute kaum noch ein Fahrzeug seinen originalen Lack besitzen, denn alle P 1800 der ersten Generation besaßen Zelluloselack, der regelmäßig und aufwendig poliert und gepflegt werden wollte. Das war der Tribut an die klassische englische Bauweise. Der Käufer konnte zudem auch nur zwischen weiß, rot und grau als Außenfarbe und innen zwischen einer roten und weißen Kunstlederausstattung wählen. Wie beim Amazon war das Overdrive aufpreispflichtig und schlug mit 800,- DM zu Buche.

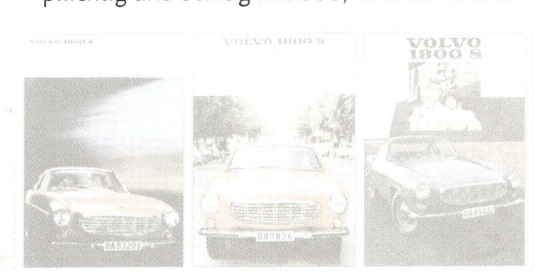

Während für die Frontpassagiere üppig Platz zur Verfügung stand, fühlten sich im Fond allenfalls Kinder wohl, denn er war eher als Ergänzung des Kofferraums gedacht

Im Verborgenen: Unter der Rücksitzbank findet sich dieses Metallschild, auf dem alle Patente vermerkt sind, die Pressed Steel zur Herstellung der Karosserie verwandte

Volvo P 1800

P 1800 S

VOLVO P 1800 S

Modellcode: VB/HB
Bauzeit:
April 1963 bis Juli 1963
Stückzahl:
2.000 Stück
Motor:
B18B, 90 DIN-PS
Neupreis:
DM 17.500,
Sfr 18.500

Das S in der Typenbezeichnung zeigt, woher der Wind nun wehte. Jensen jedenfalls hatte das Thema P 1800 ausgehaucht – nach endlosen Debatten und Streitereien mit Göteborg über die Qualität. Als alles nichts fruchtete, lösten die Schweden kurzerhand den Vertrag vorzeitig auf und verlagerten in kürzester Zeit die komplette Produktion ins Volvo-Werk nach Lundby in Schweden. Die Einweihung der neuen Fabrik in Torslanda hatte zusätzliche Kapazitäten geschaffen. Da die Rohkarosserien weiterhin von Pressed Steel kamen, wurde man sich in Göteborg erst jetzt des ganzen Dilemmas bewußt. War doch ein Großteil der Probleme auf die mangelnde Qualität der angelieferten Rohkarossen zurückzuführen. Aber anscheinend arbeiteten in Schweden die begabteren Karosseriespengler an der Nachbesserung der Karosserien, denn die Qualität verbesserte sich quasi über Nacht. Da auch alle anderen Komponenten, die von Zulieferfirmen stammten, nun einer wesentlich schärferen Eingangs- und während der Montage mehrfach einer Funktionskontrolle unterzogen wurden, war das erklärte Klassenziel bereits nach kürzester Zeit erreicht: Der P 1800 S war nun ein echter Volvo.

Und damit er das auch lange blieb hatte man einige Verbesserungen eingeführt. Zum einen war der Korrosionsschutz jetzt wesent-

Fuhr natürlich einen 1800er: Volvo-Boss Gunnar Engellau im Jahr 1964. Manche der Engellau-Autos verfügten über eine sehr spezielle Ausstattung. Wie noch gezeigt wird...

lich umfangreicher und durch die Umstellung auf Kunstharz auch die Lackierung um Welten besser und pflegeleichter. Da das komplette restliche Volvo-Personenwagenprogramm ja bereits im Sommer 1955 auf Kunstharzlack umgestellt worden war, verschwand nun auch der letzte Anachronismus. Zudem konnte man nun die Farbpalette bei den zukünftigen Modellen durch einfachen Rückgriff auf die hauseigene Farbpalette (die aus Glasurit- und Dr.-Herberts-Lacken bestand) problemlos ausbauen. Bis zum neuen Modelljahr beließ man es aber bei den drei Standardfarben rot, Codenummer 46, mit schwarzer Innenausstattung, perlweiß 79 und grafitgrau 80 mit roter Innenausstattung.

Auch an der Technik gab es Fortschritte, so wurde die Dunlop-Bremsanlage von Girling-Komponenten ersetzt, und um der neuen Gesetzgebung in den meisten europäischen Ländern Rechnung zu tragen, erhielten die Hecklleuchten orangefarbene Blinkeinheiten. Da es wegen der die gesamte Felge abdeckenden Radkappen der Jensen-Modelle öfters Probleme gab, machte man in Göteborg aus der Not eine Tugend: Man griff einfach ins Buckel- und Amazon-Regal und montierte fortan die Sankey-Scheibenfelgen mit den Volvo-eigenen Radkappen mit großem, abgesetzten roten Kreis und einem freigestellten V in der Mitte.

Genaugenommen handelte es sich nun um ein völlig umgekrempeltes Fahrzeug, dem man jedoch nicht ansah, welch qualitativer Fortschritt sich ereignet hatte. Um dies nach außen zu dokumentieren, spendierte man ihm einen neuen Schriftzug am Heck, mit einem S, das weder Sport, Spezial noch Super-Benzin bedeutete, sondern vielmehr einfach nur auf sein Ursprungsland Schweden verwieß.

Ab Fahrgestellnummer 6.200 ließ man außerdem den Volvo-Schriftzug an der C-Säule entfallen.

Damenwahl:
Der Vergleich vor allem mit den brettharten englischen Sportwagen ließ die begüterte Lady wegen dem leichten Handling, den sicheren Fahreigenschaften und vor allem der sprichwörtlichen Volvo-Zuverlässigkeit zum P 1800 greifen

Ein richtiger Kofferraum, keineswegs üblich für einen Sportwagen aus den frühen sechziger Jahren

Schwedisches Design zeigte sich am liebevoll gestalteten Volvo-Schriftzug auf der C-Säule

P 1800 S

Modellcode: VD/HD
Bauzeit:
August 1963 bis Juli 1964
Stückzahl:
4.500 Stück
Motor:
B18B, 96 DIN-PS
Neupreis:
DM 18.300,
ÖS 113.600, Sfr 18.950

*Er, sie, es:
Schickes Paar mit
schickem Auto –
einem 1800 S aus
schwedischer Montage*

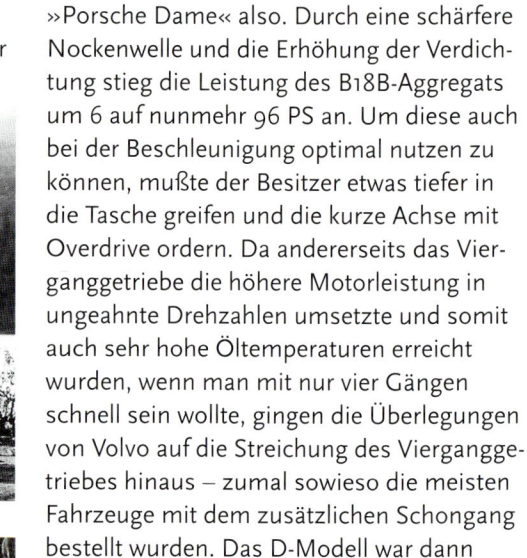

Die Fronten waren klar und die Konkurrenz nahm zu. Um sich auf allen Märkten behaupten zu können, mußte eine höhere Motorleistung her. Das extrem schwere Coupé – mit 1.160 kg war es 180 kg schwerer als ein vergleichbarer Buckel! – lag mit seinen Fahrleistungen lediglich auf dem Niveau eines normalen Porsche 1600, des »Porsche Dame« also. Durch eine schärfere Nockenwelle und die Erhöhung der Verdichtung stieg die Leistung des B18B-Aggregats um 6 auf nunmehr 96 PS an. Um diese auch bei der Beschleunigung optimal nutzen zu können, mußte der Besitzer etwas tiefer in die Tasche greifen und die kurze Achse mit Overdrive ordern. Da andererseits das Vierganggetriebe die höhere Motorleistung in ungeahnte Drehzahlen umsetzte und somit auch sehr hohe Öltemperaturen erreicht wurden, wenn man mit nur vier Gängen schnell sein wollte, gingen die Überlegungen von Volvo auf die Streichung des Vierganggetriebes hinaus – zumal sowieso die meisten Fahrzeuge mit dem zusätzlichen Schongang bestellt wurden. Das D-Modell war dann auch das letzte, das ab Werk mit dem Standard-Viergang-Getriebe bestellt werden konnte.

An wirklichen Neuheiten waren nur die Sitze zu verzeichnen. Mit stufenlos verstellbaren Rückenlehnen und einer umklappbaren Rücksitzbank sorgte Volvo erstmals in einem Sportwagen für den variablen Innenraum.

Neu war auch die Außenfarbe schwarz, die wie weiß und grau mit roter Innenausstattung geliefert wurde.

*Eher für Langstrecke als
für extreme Kurvenlage:
Der P 1800-Pilot sollte
sportlich und bequem
von A nach B kommen*

Mit dem VD/HD-Modell kam das letzte Modelljahr mit den klassischen Zutaten Kuhhorn-Stoßstange und Scheibenräder. Es gehört heute zu den gesuchteren Modellen

Stand der Technik: Nichts Ausgefallenes, aber das Bewährte in höchster Qualität!

Volvo P 1800 **31**

P 1800 S

Modellcode: VE/HE
Bauzeit:
August 1964 bis Juli 1965
Stückzahl:
4.000 Stück
Motor:
B18B, 96 DIN-PS
Neupreis:
DM 18.300,
ÖS 117.800, Sfr 18.950

Erstmals zeigt der P 1800 augenfällig seine Veränderungen. Zahlreiche optische Retuschen belegen, daß der P 1800 die Neuerungen der Volumenmodelle von Volvo übernommen hatte. Am auffälligsten sind hier die neuen Räder. Lochfelgen lösen die alten Scheibenräder ab. Für den P 1800 sind sie sogar eine Nummer breiter, nämlich 4 1/2 Zoll, als bei den übrigen Modellen, die außer dem Amazon-Kombi mit 4 Zoll breiten Felgen vorlieb nehmen müssen. Um den Qualitätseindruck zu verstärken spendiert Volvo allen Modellen neue Radkappen aus rostfreiem Edelstahl, in deren Innerem sich ein silbernes »V« in schwarzem Kreis befindet. Es war ein Schwachpunkt der alten Scheibenräder gewesen, daß sie unter Vollast so stark arbeiteten, daß die Radzierteller öfters regelrecht weggeschossen wurden – zur Freude der Ersatzteilverkäufer, zum Leidwesen der Kunden.

Auch die Front wurde komplett überarbeitet: Ein neues Grill und gerade Stoßstangen mit Gummieinlage an Front und Heck runden das Bild ab. Zum Leidwesen vieler heutiger P 1800-Enthusiasten endet mit dem D-Modell die Kuhhorn-Zeit jener so charakteristischen Stoßstangen der ersten Modelle.

Dafür konnten sich die zeitgenössischen Interessenten an der neuen Farbvielfalt erfreuen, denn zu den bisher lieferbaren Farben weiß, rot und grau kam noch hellblau (mit schwarzer Innenausstattung) statt des kaum georderten schwarz hinzu. Auch die Sitze wurden nochmals verbessert und wiesen für die damalige Zeit den letzten Stand der orthopädischen Forschung auf: Das sowieso schon bequeme Gestühl wurde zusätzlich mit einer Lordosenstütze versehen – das konnte kein einziger aus dem stetig wachsenden Feld der Konkurrenz bieten. Um dem gediegeneren Gesamteindruck Rechnung zu tragen, entschloß sich Volvo, die Einfachvariante mit Vierganggetriebe nicht mehr anzubieten. Im Kaufpreis war nun immer das Overdrive-Getriebe enthalten. Freilich hatte dies auch marketingpolitische Gründe: Die Overdrive-Modelle waren in den unteren Gängen wesentlich kürzer übersetzt (ihre Hinterachsübersetzung lag bei 4,56 statt 4,1 wie bei den Viergangversionen), wodurch ein Overdrive-P 1800 deutlich lebendiger von unten herauskam und so seiner direkten Konkurrenz (wie z.B. dem Porsche 356 oder dem Glas GT) in der Beschleunigung nicht mehr unbedingt die Vorfahrt lassen mußte.

Die geduckte Haltung hat was – von Ferrari!

Im Volvo-Motorraum ging es schon ab Werk bunt zu: Bei feuerrotem Motor, knallgelbem Lüfterrad sowie den Grundfarben schwarz und silber paßt nur noch Chrom dazu

Das Bullige der Linienführung wird durch Tiefbettfelgen und Weißwandreifen herausgehoben

Volvo P 1800 **33**

P 1800 S

Modellcode: VF/HF
Bauzeit: August 1965 bis Juli 1966
Stückzahl: 4.500 Stück
Motor: B18B, 103 DIN-PS
Neupreis: DM 18.900, ÖS 117.800, Sfr 18.950

VOLVO 1800 S

Rechts: Das Laycock-de-Normanville-Overdrive als D-Type zusammen mit dem 4-Gang Getriebe hieß M-41

Die geschlossene Kurbelgehäuseentlüftung, hier in der späteren Form für den B20 Motor

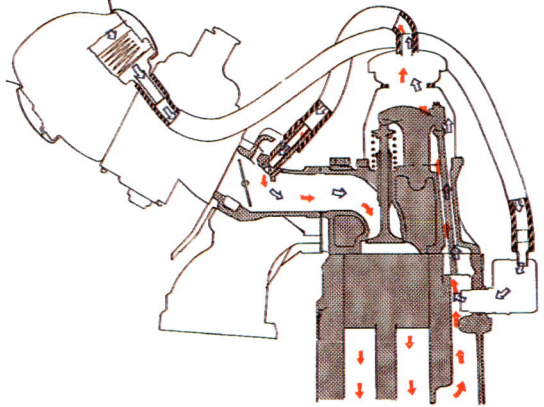

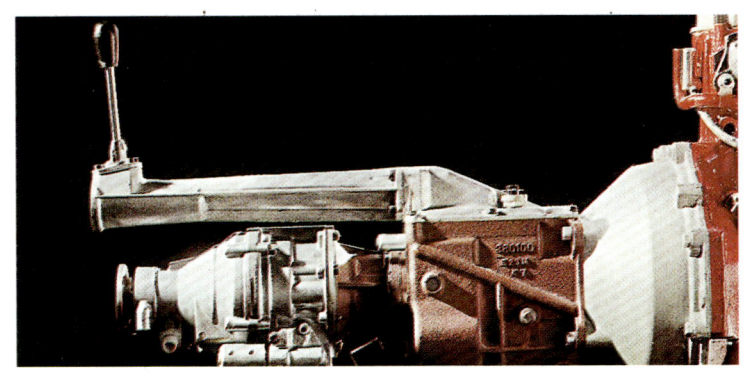

Das F-Modell war sicherlich jenes, dem Volvo die geringste Aufmerksamkeit zukommen ließ. Auf dem Hintergrund der letzten Vorbereitungen für das neue Volumenmodell der P 140er-Serie, das alle Ingenieurskapazitäten band, ist verständlich, daß einzig aus Gründen des einheitlichen Motorbaues auch die 180er-Serie mit dem neuen Krümmer mit doppeltem Flammrohr versehen wurde. Notwendig war diese Entwicklung aus mehreren Gründen geworden, die hauptsächlich mit dem enormen Gewichtszuwachs der 140er-Serie gegenüber Buckel und Amazon zusammenhing und folglich einen stark verbesserten Drehmomentverlauf erforderte. Für den Export auf den amerikanischen Markt ließ sich nun auch die geschlossene Kurbelgehäuseentlüftung nicht mehr umgehen – Volvo löste sie elegant und wirkungsvoll:

Zwischen vorderen Luftfilter und Öleinfüllstutzen kam ein Zwischenstück, in das ein vom Öleinfüllstutzen kommender Schlauch mündete. Die auf der linken Motorseite sich befindende Kurbelgehäuseöffnung, die bisher über ein Rohr nach unten ins Freie mündete, erhielt eine Sammeldose, von der aus ein Schlauch über einen Flammschutz und eine kalibrierte Bohrung in das Saugrohr mündete. Für den Kunden erfreulich war die Tatsache, daß Volvo beim neuen Modell auf Schmiernippel verzichten konnte, Vorderachse (mit verstärkten oberen Tragkelenken) und Gelenkwelle waren nun wartungsfrei. Neu im Farbprogramm war für den Kunden die Wahlmöglichkeit bei perlweißer Außenlackierung zwischen roter und schwarzer Innenausstattung und daß es eine neue Farbe, nämlich hellgrün 91 mit schwarzer Innenausstattung, gab.

Wenig Neues beim F-Modell – aber trotzdem mit voller Kraft den Kurs behauptet!

Auch heute noch ohne Wenn und Aber voll alltagstauglich: Gepflegter P 1800 mit den so gesuchten Kronprinz-Tiefbettfelgen

P 1800 S   VOLVO 1800 S

Modellcode: M
Bauzeit:
August 1966 bis Juli 1967
Stückzahl:
4.500 Stück
Motor:
B18B, 103 DIN-PS
Neupreis:
DM 16.900,
ÖS 117.800, Sfr 18.950

Das M-Modell konnte nur mit drei Neuheiten aufwarten, zwei äußerlichen und einer unsichtbaren. Augenfällig war das neugestaltete Äußere: Das optisch stark modifizierte Kühlergrill mit doppelten Stegen verlieh der Front mehr Wucht und die per Zierleisten neu gestalteten Seiten streckten die Linien zugunsten einer noch schnittigeren und eleganteren Ansicht. Statt der schweren Gußzierteile, die dem Schwung in der Tür nach oben folgten, liefen nun gerade dreigeteilte Zierleisten bis unter die C-Säule. Bemerkenswert war auch die neue Drehstromlichtmaschine, die gegenüber der alten Bosch-Gleichstromausführung den großen Vorteil bot, bereits bei wesentlich geringerer Drehzahl eine höhere Ladeleistung zu entwickeln. Während Volvo bei den Limousinen die Bosch-Drehstromvariante vorzog, verbaute man beim P 1800 S und später bei den Einspritzmodellen überwiegend Motorola-Kraftwerke. Diese boten einen

Der 1800er Volvo machte überall eine gute Figur: In der schwedischen Großstadt (vermutlich Göteborg)...

entscheidenden Vorteil: Während bei der Bosch-Maschine die Drehzahlgrenze bei 12.000 U/min bei einer Motor-Lichtmaschinen-Übersetzung von 1:2 lag, drehte der Motorola-Typ klaglos bis 15.000 U/min beim gleichen Übersetzungsverhältnis. Auch das Kühlsystem erhielt eine Verbesserung. Nun kam die geschlossene Ausführung mit separatem Ausgleichbehälter zum Einsatz, was für den Besitzer den Vorteil bot, daß beim Öffnen der Motorhaube mit einem Blick ersichtlich war, ob Kühlflüssigkeit fehlte. Wartungsfreiheit war sicherlich eine Seite, die andere hieß Siedepunkterhöhung, denn mit der Einführung des geschlossenen Systems erhöhte man den im Betrieb herrschenden Überdruck, wodurch man den Siedepunkt bis weit jenseits der 100 Grad-Marke hinausschieben konnte.

Unsichtbare Neuerung war das M, denn Volvo führte einen einheitlichen Buchstabencode für alle Fahrzeuge eines Modelljahres ein, d.h. alle Amazon, 140, 1800 und Duett, die von August 1966 bis Juli 1967 produziert wurden, tragen einheitlich den Buchstaben M im Modellcode.

Die Farbauswahl wurde an die Limousinen angenähert, die neuen Farben schwarz (innen rot), eisblau (Code 95) mit schwarzer und dunkelgrün (94) mit brauner Innenausstattung standen nun statt hellblau und grafitgrau für den P 1800 zur Wahl.

In Deutschland konnten sich die Kunden freuen, denn Volvo senkte die Preise für den Schweden-Sportler um rund 2.000 Mark. Der wichtigste Grund war sicherlich, daß Porsche mit dem neuen 912 ein wahres Sonderangebot im Programm hatte. Und im August 1967 fiel mit 100 Mark der Preisvorteil nur ganz knapp zugunsten des Volvo aus! Ohne Preisnachlaß hätte der P 1800 direkt gegen den sechszylindrigen 911, der exakt 19.000 Mark kostete, antreten müssen! Offiziell wurde diese Maßnahme mit der großen Politik erklärt – das Schlagwort der Anpassung an EWG-Preise machte die Runde.

...oder unter Palmen vielleicht in Kalifornien – jedenfalls handelt es sich bei dem gezeigten Fahrzeug um die US-Ausführung

Die drehfreudige Motorola-Lichtmaschine im Detail

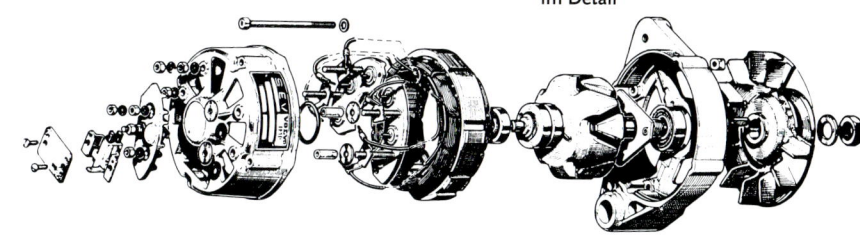

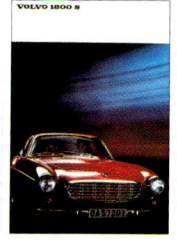

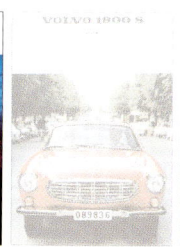

P 1800 S

VOLVO 1800 S

Modellcode: P
Bauzeit:
August 1967 bis Juli 1968
Stückzahl:
2.800 Stück
Motor:
B18B, 103 DIN-PS
Neupreis:
DM 16.900,
ÖS 117.800, Sfr 18.950

Zeichen der Zeit:
Dem Sicherheitsdenken
entsprang das neue
Dreispeichen-Lenkrad

Das nach den Werksferien ab August 1967 produzierte P-Modell wartete mit weiteren Sicherheitsmerkmalen auf. Der P 1800 hatte ja, wie alle Volvo-Modelle, von Haus aus seit Produktionsbeginn ein umfangreiches Sicherheitspaket, zu dem Dreipunktgurte, Verbundglasfrontscheibe, gepolsterte Sonnenblenden, blendfreier Innenspiegel, elektrischer Scheibenwischer mit zwei Geschwindigkeiten und elektrischer Scheibenwascher sowie eine Hochleistungsheizung und Lüftung gehörten. Nun wurde dieses Paket erweitert. Vor dem Fahrer verschwand das klassische Lenkrad mit zwei gelochten Leichtmetallspeichen, statt dessen kam ein modernes Dreispeichenlenkrad zum Einsatz, dessen Zentrum von einem dicken sternförmigen Polsterteil bedeckt wurde und am Ende in drei Hupenknöpfe mündete. Das war das äußere Erkennungszeichen der neuen Sicherheit für den Fahrer, denn dahinter verbarg sich eine neuentwickelte Sicherheitslenksäule. Das Lenkrad selbst, das im P 1800 nunmehr bis zum Produktionsende des ES Serie bleiben sollte, machte noch einmal Karriere, denn es führte für die 140er-Serie das GT-Programm an. Aber halt! In diesem Fall bestätigt die Ausnahme die Regel, denn Volvo verbaute im 1800 S sehr wohl auch noch das alte, schicke Lenkrad mit den beiden Aluspeichen: In den USA kam das neue Sicherheitslenkrad erst mit dem P 1800 E ab 1969 zum Einsatz.

In den USA schrieb die Gesetzgebung vor, daß ab Modelljahr 1968 keine Einkreisbremssysteme mehr zugelassen wurden. Da man bei Volvo mit der Übertragung des neuen Zweikreissystems, wie es im 140er zum Einsatz kam, auf Amazon und 1800er noch nicht so weit war, griff man zu einer wenig eleganten Zwischenlösung. Man montierte einfach einen Tandem-Hauptbremszylinder und ließ einen Kreis auf die Vorderräder und den zweiten auf die Hinterräder wirken. Das war schlichtweg nur die zeitübliche Standardlösung – mehr nicht. Für eine Firma, die das Wort Sicherheit auf ihr Banner geschrieben hatte und vor allem in der brandneuen 140er-

Serie, deren Produktion gerade anlief, zeigte, wo der zukünftige Weg hinging, wahrlich kein Ruhmesblatt. Auf allen anderen Märkten hingegen bot Volvo weiterhin die normale Einkreisbremsanlage an, weil man eifrig an der Lösung des Problems arbeitet – weil auch die nächste Lösung, zumindest für den P 1800 nur eine Zwischenlösung war. Endgültig gelöst wurde das Problem erst beim P 1800 E durch die Angleichung an die 140er-Serie und vier Scheibenbremsen im 2 x 3-System.

Das charakteristische Heck mit seinen verspielten Flossen wurde zum Markenzeichen des Coupés

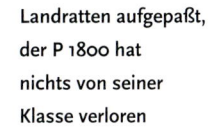

Landratten aufgepaßt, der P 1800 hat nichts von seiner Klasse verloren

Volvo P 1800 **39**

P 1800 S

Modellcode: S
Bauzeit:
August 1968 bis Juli 1969
Stückzahl:
1.693 Stück
Motor:
B20B, 105 DIN-PS
Neupreis:
DM 17.100,
ÖS 117.800, Sfr 18950

Unter der Haube hatte sich viel getan: zwei Stromberg-Vergaser und der fette Zweikreis Bremskraftverstärker fallen sofort ins Auge

Einheitlich erhielten alle Volvo-Modelle nach den Werksferien 1968 den im Hubraum auf zwei Liter vergrößerten B20-Motor, der vor allem durch einen nochmals verbesserten Drehmomentverlauf glänzen konnte. Die wichtigsten Änderungen fanden im Zylinderkopf statt, da der Block lediglich mit größeren Bohrungen versehen wurde. Um die Strömungsverhältnisse im Kopf zu verbessern, wurden wesentlich kürzere Ventilführungen verbaut, die nicht mehr so weit in die Kanäle hineinragten. Hierdurch wurden separate Ventilschaftdichtungen notwendig. Um dem größeren Hubraum mehr Luft zum Atmen zu geben, wuchs auch die Größe der neuen Ventile an: Im Einlaßtrakt arbeiteten statt 40 mm nun mit 42 mm großen Tellern versehene Ventile. Um den Schadstoffausstoß an geänderte Gesetzgebungen auf den Exportmärkten anzupassen, erhielten die nun B20B genannten Maschinen gleich einen komplett geänderten Vergaser/Ansaugtrakt, den Volvo großzügig »Und jetzt das Meisterstück: Ein neuer 2-Litre-Motor mit Abgasreinigung« nannte. Hierbei kamen nun statt der beiden S.U.- zwei Stromberg-CD-Vergaser, die sich schon in den Einvergasermodellen bewährt hatten, zum Einsatz, die in Verbindung mit Regelklappen im Ansaugkrümmer für eine verbesserte Verbrennung sorgten. Thermostatisch geregelte Ventile in den Vergasern sollten im Leerlauf den CO-Wert stabilisieren, in das Gehäuse eingepreßte Düsenstöcke verhindern, daß durch Einstellungsfehler der Abgaswert zu stark anstieg. Die Vergaser besaßen zwar noch eine Gemischschraube, jedoch konnte mit ihr lediglich der Verschleiß von Nadel und Düse über deren Lebensdauer (ca. 60 bis 80.000 km) kompensiert werden. Mehr als die Leerlaufdrehzahl einzustellen, war außerhalb der Volvo-Vertragswerkstatt ohne die entsprechenden Spezialwerkzeuge de facto nicht mehr möglich. Auf anderen von der Abgasgesetzgebung weniger kritischen Märkten wurden nach wie vor die bewährten S.U.-Vergaser verbaut. Wohin nun welche Version genau geliefert wurde, ist schwerlich zu rekonstruieren. Außer für den amerikanischen Markt, wohin ausschließlich Stromberg-Versionen gingen, scheint man in Göteborg immer die Vergaser eingebaut zu haben, die gerade an Lager waren, d.h. aus jener englischen Fabrik kamen, die gerade nicht bestreikt wurde – jedoch auch S.U.s immer mit Regelklappen.

Zur optimalen Anpassung des B20-Motors erfolgten zwei weitere Modifikationen in der Kraftübertragung. Das wesentlich modernere und vor allem stabilere weil weitaus höhere Leistung verkraftende J-Type-Overdrive, von Laycock ab 1967 als verbesserter Type 230 produziert, kam zum Einsatz und löste den Oldtimer D-Type (von Laycock bereits 1954 als verkleinerter A-Type auf Kiel gelegt) ab. Da die Leistungsgrenze des D-Types bei etwa 110 PS lag, war es genaugenommen nicht notwendig, Kenner vermuteten daher, daß bald ein wesentlich leistungsfähigerer Motor den P 1800 befeuern würde – der Einspritzer war schon in Planung. Unter vorgehaltener Hand hörte man immer mal wieder, daß das S-Modell bereits mit der Bosch-Einspritzung geplant war – Bosch hatte ja bereits 1967 als Ergebnis umfangreicher Entwicklungsarbeit die erste elektronische Benzineinspritzung, die D-Jetronic, vorgestellt. Anscheinend dauerte der Schritt zur Serienreife jedoch etwas länger als erwartet und Volvo entschloß sich zur Interimslösung der Stromberg-Zweivergaser-Anlage. In der schwedischen Presse wurde sogar über einen Sechszylinder im P 1800 spekuliert.

Vorweggenommen wurde die komplett geänderte Kraftübertragung, die jetzt schon auf den Einspritzermotor zugeschnitten war: Das Overdrive übersetzte kürzer (statt 0,756 nun 0,797) und weil der Motor über einen wesentlich breiteren Drehzahlbereich ein höheres Drehmoment zur Verfügung stellte, wurde die Hinterachse auf 4,30 (statt 4,56) verlängert. Unterm Strich kam zwar bei gleicher Drehzahl eine fast identische Geschwindigkeit heraus (4.000 U/min bei 4,56-Achse und D-Overdrive entsprechen 137 km und mit 4,30-Achse und J-Overdrive 138 km/h), doch nutzte die neue Abstimmung den verbesserten Drehmomentverlauf optimal aus, was wegen der großen Elastizität des Motors schaltfaules Fahren möglich machte und dadurch im Alltagsbetrieb natürlich den Kraftstoffverbrauch senkte. Nach außen wurden alle diese Änderungen lediglich durch ein kleines Emblem mit dem Schriftzug B20 dokumentiert.

Parallel zum Amazon erhielt der P 1800, der ja technisch bis zum Erscheinen des Einspritzermodells auf der Technik der P 120/P 130-Serie basierte, ebenfalls eine echte Volvo-Zweikreis-Bremsanlage. Bei diesem von Volvo unter dem Sicherheitsaspekt für die neue 140er-Serie entwickelten System wird die Bremsanlage in zwei unabhängig voneinander arbeitende Kreise zerlegt. Jeder Bremskreis arbeitet auf jeweils beide Vorderräder und ein Hinterrad, d.h. immer auf drei Räder, daher die Bezeichnung 2 x 3-System. Ebenfalls aus Gründen der Vereinheitlichung entfiel nun die hydraulische Kupplungsübertragung zugunsten der im 140er bewährten Seilzuglösung.

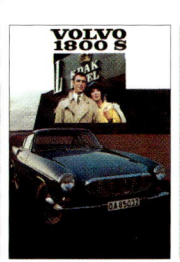

Elegante Lösung: Der Benzineinfüllstutzen verschwand hinter einer Klappe

Die charakteristischen, waagerecht mündenden Schlußleuchten prägen das P 1800-Heck

P 1800 E

Modellcode: T
Bauzeit:
August 1969 bis Juli 1970
Stückzahl:
2.799 Stück
Motor:
B20E 120 DIN-PS
Neupreis:
DM 18.700,
ÖS 126.900, Sfr 20.560

*Profiliert:
Das wohlgeformte
Hinterteil des P 1800 E*

Zum neuen Modelljahr überraschte Volvo mit einem technisch völlig überarbeiteten P 1800. Hauptänderung war die B20-Maschine, bei der die Vergaser von der elektronischen Kraftstoffeinspritzung D-Jetronic von Bosch abgelöst wurden und deren Leistung auf 120 DIN-PS angehoben wurde. Das war insofern ein mutiger Schritt, als Volvo damit zu den Pionieren der neuen Technik gehörte.

Hintergrund waren die Anfang 1966 von der US-Regierung erlassenen neuen Abgasrichtwerte, die erstmalig für alle neuen Fahrzeuge ab Baujahr 1968 galten. Sie definierten z.B. für einen Ottomotor mit einem Hubraum von 1,64 Liter bis 2,29 Liter einen CO-Wert von maximal 2% und einen Kohlenwasserstoffanteil von höchstens 350 ppm. Als erster Hersteller rüstete das Volkswagenwerk bereits 1967 den 1,6 Liter Motor in der entgifteten Version für den amerikanischen Markt mit der D-Jetronic aus. Als 1600 E lieferte VW diese Version nach den Werksferien 1969 auch auf dem deutschen Markt aus. Und nur einen Monat später folgte der Volvo P 1800 E. Nach den Erfahrungen von VW und einer langwierigen Erprobung hatte auch Volvo sich entschlossen, diese moderne Einspritzung in Serie als »Top of the Line« zu verbauen, um die neuen amerikanischen Abgasvorschriften zu erfüllen. Es war für Volvo eine prinzipielle Entscheidung auf das neue Pferd Elektronik zu setzen. Denn die Jetronic lag vom Preis her weit über der Vergaservariante (jedoch noch ein gutes Stück unter mechanischen Einspritzsystemen). Aufgrund der Kosten und der Vorteile behielt man die B20 Einspritzer-Motoren den Spitzenmodellen der jeweiligen Baureihen vor, lediglich im P 1800 E, der in seinem Volvo-Segment und im Gesamtprogramm ja keine Konkurrenz hatte, stellte er Einzigartiges dar. »Der Motor B20 E ist ein echtes Produkt des Datenzeitalters« heißt es im Prospekt, denn das Herz der D-Jetronic stellt der Steuercomputer dar, der über seine Meßfühler Drehzahl, Last, Temperaturen und Luftdruck ermittelt, daraus die optimale Einspritzung berechnet und dadurch zwei bis dato kaum zu vereinende Gegensätze unter einen Hut brachte: Kraft und Sparsamkeit.

Als Getriebe kam das aus der 164er-Serie bekannte M410 von ZF in Verbindung mit einer verstärkten Gelenkwelle zum Einsatz. Anscheinend hatte man bei Volvo Bedenken, wegen der Leistung des Einspritzermotors, die vorher verwendete dünnere Gelenkwelle weiter einzusetzen und schloß mit dem beim

Sechszylinderflaggschiff P 164 erprobten Typ jegliches Risiko aus. An der Hinterachse wurde nun ebenfalls über Scheiben verzögert, die innen als kleine Trommeln für die Handbremse ausgebildet waren. Wie die Volumenmodelle 140 und 164 besaß nun auch der P 1800 E eine Vierrad-Zweikreis-Scheibenbremse (Typ 2 x 3), allerdings stammte der Servo von Girling. Von außen stachen die auffällig gestalteten Cromodora-Räder sofort ins Auge. Das Besondere dieser Räder war die Verwendung verschiedener Materialien. Das Radinnenteil mit gegossenen Aluminiumspeichen und das Außenteil aus Stahl sind miteinander vernietet. Durch die schwarze Lackierung und das Herauspolieren der Stege erhält diese Felge ihren optischen Reiz. Die 5 x 15" großen extravagant wirkenden Cromodora-Räder verbesserten gegenüber den vorher verwendeten Stahlfelgen durch ihr geringeres Gewicht die Straßenlage nochmals, zumal nun aufgrund der höheren Fahrleistungen auch HR-Gürtelreifen (zugelassen bis 210 km/h) von Pirelli Cinturato zum Einsatz kamen. Um eine effektivere Bremsanlage und die hinteren Scheiben mit Handbremstrommel in den Felgen unterbringen zu können, wurde auch beim P 1800 E auf das Vorbild 140er-Serie zurückgegriffen und der Lochkreis der Felgen verkleinert. Statt 4 1/2 Zoll saßen die fünf Radbolzen nun auf einer 4 1/4 Zoll Kreislinie. Die 1967 auf den Markt gekommenen und so begehrten Kronprinz-Tiefbettfelgen sowie generell alle Felgen von Buckel und Amazon sowie den früheren P 1800 paßten auf die neuen Modelle nicht mehr.

Das neue mattschwarze Kühlergrill unterstrich ebenso wie die Felgen das neue, aggressivere Erscheinungsbild des P 1800. An den Heckflossen kamen weitere schwarze Elemente hinzu. Es handelte sich hierbei um die Abdeckungen der Luftschlitze des neuen Zwangsentlüftungssystems. Zugfrei den Innenraum optimal mit frischer Luft zu versorgen sorgte für ermüdungsfreies Reisen auf langen Strecken, und genau das war die Domäne des P 1800 schon immer gewesen. Es diente ebenso wie der völlig neu gestaltete Innenraum der erhöhten aktiven wie passiven Sicherheit.

Das unter Sicherheitsaspekten neu gestaltete Armaturenbrett mit Holzfurnier und großen schwarzen Rundinstrumenten legte die Anzeigen direkt ins Blickfeld des Fahrers, der auf ebenfalls neuen Sitzen mit integrierten Kopfstützen ruhte. Dieses, ursprünglich für den amerikanischen Markt unter dem Crash-Test-Zwang entwickelte Gestühl, kam ab nun einheitlich auf allen Märkten zum Einsatz. Im Innenraum befanden sich keine lackierten Flächen mehr, an der Farbpalette hatte sich gegenüber dem letzten S-Modell jedoch nichts geändert. Californiaweiß 42 mit roter, auf Wunsch auch schwarzer Innenausstattung, rot 46, dunkelgrün 94 (braune Ausstattung), dunkelgrau 98 (rotes Interieur), mittelblau 99 (braune), safarigelb 100 (schwarz) und stahlblaumetallic 102 (schwarz) hießen die Außen- und Innenfarben, die für den Kunden zur Verfügung standen. Eine weitere Neuerung war das Label Made in Sweden, denn nun wurden auch die kompletten Rohkarosserien im Volvo-eigenen Preßwerk Olofström gefertigt.

Das modernisierte Armaturenbrett des Einspritzers zeigt die neue Sachlichkeit

Erkenntnis-Theorie: An den Entlüftungsschlitzen in den hinteren Kotflügeln gibt sich der 1800 E sofort zu erkennen

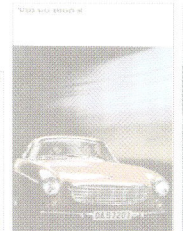

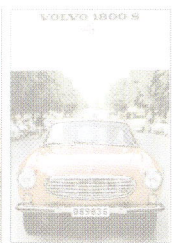

Volvo P 1800 **43**

P 1800 E

Modellcode: U
Bauzeit:
August 1970 bis Juli 1971
Stückzahl:
4.750 Stück
Motor:
B20E 124 DIN-PS
Neupreis:
DM 19.700,
ÖS 126.900, Sfr 20.560

Durch Motormodifikationen, die Größe der Einlaßventile wuchs von 42 auf 44 mm an, stieg die Leistung auf 124 PS. Gleichzeitig verbesserte Bosch die D-Jetronic und erstmals in der Geschichte der elektronischen Einspritzung war eine Schubabschaltung verfügbar.

Um einheitliche Gelenkwellen und einheitliche Anschlüsse an Getrieben und Achsen verbauen zu können, griff man bei Volvo wieder auf das bewährte M41-Getriebe zurück – nun allerdings mit verstärkter Hauptwelle – und bot alternativ dazu, speziell um die Forderungen der amerikanischen Kundschaft zu erfüllen, ein Automatikgetriebe an.

Borg-Warner lieferte seine BW 35 nun auch für den P 1800, nachdem die Dreigangautomatik bei Volvo bereits ihren Dienst in Amazon und in der 140er-Serie verrichtete.

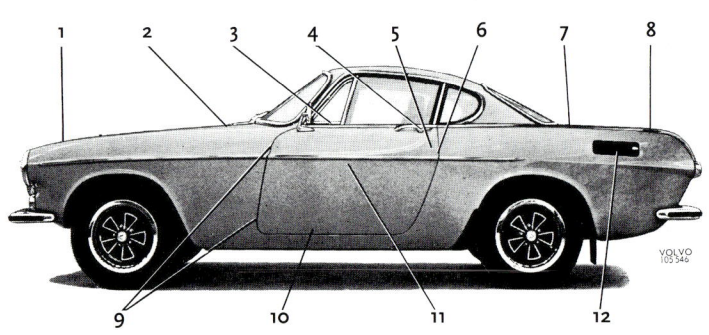

Nr.	Schmierstelle	Schmierstoff
1.	Motorhaubenscharniere	Öl
2.	Motorhaubenverschluß	Paraffin
3.	Drehfenster, Verschluß und Scharniere	Öl
4.	Türgriff, Drücker	Paraffin
	Schlüsselloch	Schloßöl
5.	Türschloß	Siehe Abb. 52 (Schloßöl/Paraffin)
6.	Schließkeile	Paraffin
7.	Kofferraumdeckel, Scharniere	Öl
8.	Kofferraumschloß, Drücker	Paraffin
	Schlüsselloch	Schloßöl
9.	Türscharniere	Siehe Abb. 51 (Schloßöl/Paraffin)
10.	Vordersitze, Gleitschienen und Sitzsperren	Siehe Abb. 55 (Schloßöl/Paraffin)
11.	Türöffner, Zugstange, Schloß und Fensterheber (früh. Ausf.)	Silikonfett für Schienen und Rollen, Öl für übrige (Nach Abbau der Türverkleidung zugänglich.) Anm. Fensterheber spät. Ausf. (mit Seil) sind wartungsfrei.
12.	Verschlußdeckel, Kraftstoffbehälter: Scharnier	Öl
	Schließmechanismus	Schloßöl

Neue Power:
Der B20E-Motor war mit 124 PS der stärkste Vierzylinder, den Volvo bis dahin im Programm hatte

Glücklich, wer einen P 1800 sein eigen nennt!

Volvo P 1800

P 1800 E

Modellcode: W
Bauzeit:
August 1971 bis Juni 1972
Stückzahl:
1.865 Stück
Motor:
B20F/E, 115/124 DIN-PS
Neupreis:
DM 21.900

Der Sicherheit verpflichtet: Neue Rollgurte mit Warnlampe im Armaturenbrett

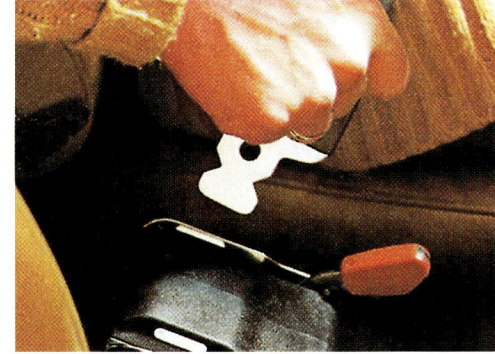

Das nur noch in 1.865 Stück gebaute W-Modell wartete mit einer ganzen Reihe von Neuerungen auf, die natürlich dem ES zugute kamen. Aber auch im Coupé sorgten sie dafür, daß das W-Modell als das ausgereifteste gelten kann. Da es sich für Volvo nicht gelohnt hätte, bei der geringen Stückzahl auch noch Anpassungen an verschiedene Märkte vorzunehmen, wurde nur noch die sogenannte Exportausführung einheitlich für alle Märkte gebaut. Einziges Zugeständnis an den schwedischen Markt, wo ja immer, auch tagsüber, mit Licht gefahren werden muß, war der Einbau eines Summers, der den Fahrer beim Verlassen seines Fahrzeugs warnte, daß das Licht noch eingeschaltet war.

Neben den bekannten B20E-Motor mit 124 DIN-PS trat nun die neue leistungsreduzierte Version B20F mit 115 DIN-PS, die dank ihrer stark reduzierten Verdichtung problemlos mit Normalbenzin zu betreiben war. Aufgrund der besseren Ölsorten verzichtete man nun auf den Ölkühler. Dafür wurde das Stromkraftwerk in der Leistung auf 55 A aufgestockt. Die starke Drehstrom-Lichtmaschine stammte wie ihr separater Regler nun ausschließlich von S.E.V. Motorola. Für den optimalen Betrieb war eine Modifikation der Riemenschiebe notwendig.

Das Automatikgetriebe BW 35 erhielt umfangreiche Änderungen (Schalterzuordnung, Lamellen, vorderes Bremsband, Kontrollsystem, Öleinfüllstutzen, hintere Ölpumpe entfällt). Fahrzeuge mit dem Borg-Warner-Automaten erhielten zudem eine neue längere Hinterachsübersetzung von 3,9:1, die einige Jahre später in der 240er-Serie zum Standard werden sollte, dort jedoch mit 14 Zoll-Rädern.

Auch die Bremsanlage wurde noch einmal modifiziert, um dem höheren Gewicht des ES Rechnung zu tragen. Geänderte, weichere Bremsbeläge sorgten für mehr Biß, den es an der Hinterachse mit Bremskraftreglern mit höherem Öffnungsdruck auszugleichen galt. Der bei allen Fahrzeugen mit hinteren Scheibenbremsen immer anfällige Handbremsmechanismus wurde mit einem geänderten Hebelmechanismus versehen, der weniger

Probleme, z.B. durch Festrosten, verursachen sollte. Nach außen zeigte der letzte E Stärke, denn er rollte auf bulligen 5,5 Zoll breiten Stahlfelgen mit rechteckigen Kühlluftöffnungen und High-Speed-Gürtelreifen der Größe 185/70 HR 15. Um den Charakter zu unterstreichen, besaßen die neuen Räder verchromte Felgenzierringe und Naben sowie Radmuttern. Um vor allem beim ES im Sommer die Sonneneinstrahlung zu reduzieren, spendierte Volvo E und ES einheitlich getönte Scheiben in der Serie. Front und Heckpartie wurden ebenfalls nochmals leicht modifiziert. Im Innenraum fielen die geänderten Türverkleidungen, neue Sitze vorn und hinten, Sicherheitsrollgurte und Kontrolleuchten für die Sicherheitsgurte auf.

Die Karosserie erhielt drei neue Farbtöne, mit denen Volvo die Farbpalette modernisierte. Dunkelblau und mittelblau entfielen, dafür kamen safarigelb 100 (mit schwarzer Innenausstattung), türkis 104 (schwarz) und goldmetallic 105 (schwarzes, auf Wunsch auch braunes Interieur) neu auf des Kunden Wunschzettel.

Am 22. Juni 1972 ging die Ära des Coupés zu Ende. Mit Exemplar Nummer 39.414 rollte der letzte P 1800 vom Band. Für die Fans dieses ausgefallenen Coupés war dies jedoch kein Grund zur Traurigkeit, denn der ES sollte ja noch weitergebaut werden – was zu diesem Zeitpunkt natürlich noch niemand wußte: Das Combi-Coupé überlebte seinen Zwillingsbruder gerade um ein Jahr!

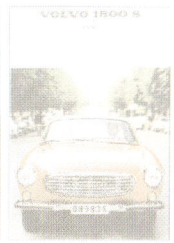

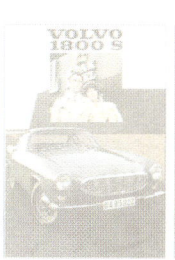

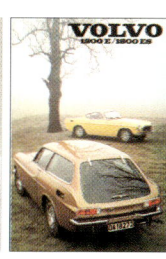

48 Volvo P 1800

Prototypen zum Zweiten...
Auf dem Weg zum Schneewittchensarg

Formsache:
Volvo-Designer
Jan Wilsgaard mit einer
seiner Studien

Keine Frage: Das äußere Erscheinungsbild des Volvo P 1800 verdiente Prädikate wie markant, ungewöhnlich oder attraktiv – und tut dies noch immer. Der goldenen Design-Regel aber (Sie erinnern sich: »form follows function«), folgte die 1800er-Optik wirklich nicht. Im Gegenteil: Das Ferrari-ähnliche Kühlergrill, die Kuhhorn-Stoßstangen, die nach oben auslaufenden seitlichen Zierleisten oder die kecken kleinen Heckflossen waren alles andere als funktional – sondern modische Zugeständnisse an den Augenblick und von daher weit entfernt, »zeitlos« zu sein (sofern es dies überhaupt gibt). Mochte man einige dieser Details später buchstäblich »begradigen« (wie die seitlichen Zierleisten oder die Stoßstangen), so erstaunt die lange Produktionsdauer des P 1800 noch heute. Denn daß sein Blechkleid schneller altern mußte als etwa das des Porsche 356, das ist ebenfalls keine Frage.

Nachfolger? Rechts der serienmäßige 1800 S, links der intern P 172 genannte Prototyp. Links im Bild Pehr Gustav Gyllenhammer von 1971 bis 1990 Chef von Volvo

Volvo P 1800   49

Studienhalber: Aus dem Jahr 1965 datiert diese Wilsgaard-Skizze des – schließlich doch verworfenen – P 172

Pininfarina läßt grüßen: Der attraktive P 172 erinnerte an das spätere Fiat 130 Coupé – und an den markanten Facel Vega II. Genützt hat es ihm nichts

Dies alles wußte man natürlich auch bei Volvo selbst, wo sich Jan Wilsgaard seit Mitte der sechziger Jahre mit einem möglichen Nachfolger befaßte. Der spektakulärste Versuch wurde unter der nüchternen Bezeichnung P 172 Ende 1966 vorgeführt, wenngleich sich der Betrachter mit einem dunkelblau lackierten Tonmodell begnügen mußte. Es zeigte einen hochmodernen, sportlichen Zweitürer, der ein wenig an einen Facel II oder an das später erscheinende Fiat 130 Coupé (immerhin ein Pininfarina-Entwurf) erinnerte. Aber die viersitzige Studie, die technisch auf dem damals noch projektierten Volvo 164 basieren sollte, verschwand aus Kostengründen sang- und klanglos in der Versenkung. Dabei hatte man in Göteborg bereits damit geliebäugelt, P 172 im Sommer 1969 in Produktion zu nehmen und für rund 6.000 Dollar in den USA anzubieten. Aus der Traum!

War es da nicht aussichtsreicher, am guten alten P 1800 – der längst 1800 S hieß – herumzufummeln? Aber klar! Zum Beispiel existiert ein merkwürdiges Foto, das einen gelifteten 1800er zeigt, der mit einem lichtdurchfluteten Dachpavillon à la Lancia Fulvia Coupé, höher gelegten Stoßstangen sowie einer Reihe weiterer Details sich insgesamt moderner gibt. Was aber sollen die »alten« Felgen und die »alten« Radkappen – und warum suggerieren die beiden Holzstützen unter dem Auto, daß man es hier mit einem (Ton-)Modell zu tun hat? Was eindeutig nicht der Fall ist...

Einen rundherum gelungenen Entwurf bekamen die Besucher des Turiner Salons im Herbst 1965 zu sehen... Vom italienischen Volvo-Importeur war das Fastback-Coupé bei Fissore in Auftrag gegeben worden, hieß es. Mag sein. Allerdings dürfte man mit der Vermutung richtig liegen, daß der Impuls zu diesem Projekt direkt aus Göteborg kam; jedenfalls wurde das wirklich harmonisch geformte Coupé nach seinem Auftritt in Turin dorthin verfrachtet und in der Designabteilung gründlich begutachtet.

Was nicht ohne Wirkung blieb. Nach einer Reihe von Zeichnungen und Skizzen (die teilweise in Tonmodellen gipfelten) kristalli-

Lenkrad und Sitze sind geblieben, das Armaturenbrett mit seiner modernen Mittelkonsole präsentiert sich dagegen im Stile der sechziger Jahre

Grazil: Das Auto zum Cockpit. Ein leicht überarbeiteter 1800er mit luftigem Dachpavillon à la Lancia Fulvia

Wurde vom italienischen Karosserieschneider Fissore gefertigt und soll im Herbst 1965 auf dem Turiner Salon zu sehen gewesen sein: P 1800 S Fastback

Volvo P 1800 **51**

Auf dem Weg zum Schneewitchensarg: Eine Wilsgaard-Spielerei mit zahlreichen Detailretuschen. Der Vorschlag fand keine Gnade in den Augen der Volvo-Bosse

Ging als »Rocket« in die Volvo-Geschichte ein: Das hier noch 1800 GT genannte Modell

Wäre dies ein Gesicht für den 1800er gewesen? Entscheiden Sie selbst!

Längst nicht so markant wie der spätere Schneewitchensarg: Stilstudie mit »schnellem Heck«

Nicht Tanga, sondern Targa: Schweden-Coupé mit herausnehmbarem Dachteil und Panorama-Heckscheibe. Wir alle wissen es: Es wurde nichts daraus

»Rocket« im Detail. Das Coupé ist heute übrigens im Volvo-Museum in Göteborg zu bewundern

sierten sich zwei bemerkenswerte Entwürfe heraus. Sie sollten als »Beach Car« (radikal) und »Rocket« (noch radikaler) in die Volvo-Historie eingehen. Beide zeigten schicke Zweitürer, die sich am treffendsten als »Sport-Kombis« kennzeichnen ließen. Keine dumme Idee – wie Lancia Beta HPE, Jensen-Healey GT und vor allem der legendäre Reliant Scimitar GTE demonstrierten! Ohne allzu großen (finanziellen) Aufwand herzustellen (nur Dach- und Heckpartie des 1800 mußten verändert werden), waren absolute Hingucker entstanden. Deren Highlight – das üppig verglaste, extravagante Hinterteil – dazu noch ordentlich Stauraum versprach. Denn auch diesmal wieder hatte der Golfsport eine Rolle gespielt: Tor Berthelius (schon zehn Jahre vorher in das P 958-Projekt involviert und auch diesmal wieder mit von der Partie) soll ausreichend Platz für eine Golftasche gefordert haben!

»Ich liebe zwei Mädchen aus Germany« hatte Paul Anka etwa um die selbe Zeit seinen (überwiegend weiblichen) Fans singenderweise anvertraut; um dann bekümmert festzustellen: »Wie soll das nur weitergeh'n? Ich finde beide schön!« In einer ähnlichen Klemme steckte die Volvo-Spitze: Sie fand ebenfalls gleich beide zur Disposition stehenden Vorschläge schön. Allerdings wissen wir, wie es in Göteborg weiterging: Da man sich nicht für einen von beiden zu entscheiden vermochte, ließ man eben von jedem einen Prototyp fertigen! »Engellau muß seinen guten Tag gehabt haben« stellte Jan Wilsgaard hinterher amüsiert fest.

Und wer dengelte die beiden Vorzeige-Modelle? Genau: die Spezialisten in Italien. Da Frua schon einmal gute Arbeit geleistet hatte, fertigte er »Rocket« (Chassis-Nr. 26.142, heute metallic-blau und im Volvo-Werksmuseum zu Göteborg beheimatet), während Sergio Coggiola, ein ehemaliger Ghia-Mann mit inzwischen eigenem Atelier, »Beach Car« (Chassis-Nr. 26.143) auf die Räder stellte. 1968 waren beide Modelle fertig; wie vielleicht nicht anders zu erwarten, entschied sich Volvo für den weniger extravaganten »Beach Car« – der dem späteren 1800 ES optisch bereits so nahe kam, daß Uneingeweihte nur mit Mühe Unterschiede ausmachen können. Übrigens läuft der metallic-goldene Prototyp heute in Deutschland.

Ein serienmäßiger ES? Nicht ganz: Das schon 1968 bei Coggiola entstandene »Beach-Car«. Der metallic-goldene Prototyp kam noch mit brauner Veloursausstattung und unterteilten hinteren Seitenscheiben daher

54 Volvo P 1800

Schwanengesang
Der Schneewittchensarg

Volvo P 1800 55

P 1800 ES

Modellcode: W
Bauzeit:
August 1971 bis Juli 1972
Stückzahl:
3.070 Stück
Motor:
B20F/E, 115/124 DIN-PS
Neupreis:
DM 25.150,
ÖS 152.500, Sfr 25.800

Der letzte E und alle ES rollten auf diesen 5 ½ Zoll breiten Felgen, deren Design sich bei der 140er-Serie wieder fand. Beim P 1800 kamen High-Speed-Gürtelreifen der Größe 185/70 HR 15 zum Einsatz

Das neue Heck schuf einen lichtdurchfluteten Innenraum

Die neue Modellvariante des P 1800 ES basierte technisch auf dem P 1800 E Modell W, zu dem es parallel gebaut wurde. Folglich fanden sich hier alle technischen Veränderungen des W-Modells, während beim ES die neugestaltete reizvolle Heckpartie zum Markenzeichen wurde und ein zusätzliches Emblem 1800 ES auf die völlig neue Combi-Coupé-Version hinwies. Aufgrund der rahmenlosen Heckklappenkonstruktion hatte der ES sofort seinen Spitznamen weg: Schneewittchensarg. Die Bedeutung indes war vorgegeben, denn die Sinngebung bestand seit 1956, als Braun mit seinem neuen und zeitlosen Design anfing, die Welt von Radio, Fernsehen und Haushaltsgeräten zu revolutionieren. Der von Hans Gugelot und Dieter Rams gestylte Phonosuper besaß einen rahmenlosen Plexiglasdeckel, was lag da näher als der Vergleich mit dem Grimmchen Märchen. Da auch Volvo beim ES eine revolutionäre Lösung fand, lag der Vergleich mehr als auf der Hand, zumal speziell diese Heckklappe für einige Interessenten das Kaufargument war!

Während der E nur noch mit manuellem Overdrive-Getriebe lieferbar war, bot der ES weiterhin die Wahl zwischen Dreigang-Automatik und Overdrive-Handschaltgetriebe. Die Qual der Wahl hatte der Käufer auch bei den Farben, bei denen sechs Varianten zur Verfügung standen: californiaweiß 42 mit brauner Ausstattung, rot 46 mit schwarzem Interieur, goldmetallic 105 mit braunem Gestühl, außen sonnengelb 107 und innen schwarz, zypressengrün 110 mit braunem Innenleben und hellblaumetallic 111 mit schwarzer Ausstattung hießen die Wahlmöglichkeiten.

Auto, Motor und Sport widmete unter der Überschrift »Nordische Kombination« in Heft 9/1971 dem ES einen ausführlichen Testbericht.

Die ersten 1800 ES besaßen u.a. einen anderen Schriftzug auf dem Heck. Und wenn man heute dann noch das richtige Nummernschild hat...

Die charakteristische rahmenlose Heckklappe mit dem direkt ins Glas eingelassenen Handgriff mit Schließmechanismus

Das schwarze Haifischmaul kennzeichnete die letzten Jahrgänge

Fazit von *Auto, Motor und Sport* 9/1972

Vorzüge
- Individuelle Karosserie mit reichhaltiger Ausstattung
- Kräftiger, sehr elastischer Motor
- Günstiger Verbrauch
- Gute und standfeste Bremsen

Nachteile
- Lautes, unkultiviertes Motorgeräusch
- Hohe Windgeräusche
- Schwergängie Lenkung und Kupplung
- Ungenügende Stoßdämpfung

Volvo P 1800 57

P 1800 ES

Modellcode: Y
Bauzeit:
August 1972 bis Juni 1973
Stückzahl:
5.007 Stück
Motor:
B20F/E, 115/124 DIN-PS
Neupreis:
DM 26.150,
ÖS 167.388, Sfr 26.740

Wer war der Epigone? P 1800 ES neben Reliant Scimitar

Toprestaurierte ES, wie dieses Fahrzeug, bei dem der Besitzer weder Kosten noch Mühen gescheut hat, sind heute sehr selten. Aufwand und tatsächlicher Wert des fertigen Fahrzeugs wollen nicht richtig harmonieren

Während der P 1800 E im Juni 1972 eingestellt wurde, gab es vom ES noch eine Neuauflage, mit der man noch einmal den verschärften amerikanischen Sicherheitsbestimmungen Paroli bot. Mit großem zusätzlichen Aufwand ging der ES in die letzte Runde. Ebenso wie die 140/164er-Serie erhielt die ES-Karosserie Rohrverstärkungen in den Türen (die Vorläufer des Side Impact Protection Systems), Sicherheitsstoßstangen und eine Dachverstärkung, die offiziell zur Sicherheitskarosserie mit Überrollbügel mutierte. In das Bild des Sicherheitsautos paßte auch das verbesserte Scheibenmaterial aus High Impact Verbundglas. Da die Einstellung der Produktion aufgrund immer schwieriger zu erfüllender amerikanischer Vorschriften bereits diskutiert wurde, hatte man in Göteborg die Produktion vereinheitlicht und lieferte für alle Märkte mehr oder minder einheitliche Fahrzeuge aus. Auch die europäischen Fahrzeuge besaßen daher bereits Zylinderköpfe für Bleifreibetrieb und stellitierte Auslaßventile. Allerdings waren einzig die Sitze der Auslaßventile induktiv gehärtet – für 55 mph mehr als ausreichend und vom heutigen Stand der Technik weit entfernt. Fahrzeuge für den amerikanischen und speziell den californischen Markt besaßen ein Zusatzpaket zur Abgasentgiftung. Neben einem Aktivkohlebehälter, der im Ruhezustand die Benzindämpfe aufnahm, um sie im Fahrbetrieb wieder ins Saugrohr abzugeben, kam hier auch der Urvater der Abgasrückführung und des modernen Kats zum Einsatz, die thermische Nachverbrennung, um Kohlenwasserstoffe und Kohlenmonoxyd zu verringern.

Aufgrund der ständig steigenden Zahl von Grauimporten, besonders aus Frankreich, war es im Laufe des Jahres 1972 zu ziemlicher Unruhe unter den Volvo-Händlern in Deutschland gekommen. In Dietzenbach reagierte man: Für alle Modelle wurde die Garantie auf ein Jahr ohne Kilometerbegrenzung verlängert. Hiermit flaute der Wind in den Segeln der Grauimporteure zusehends ab. Das Maßnahmenpaket galt zwar primär der 140er-Serie, doch kamen auch die P 1800 in den Genuß der verlängerten Garantie.

Im letzten Modelljahr wurde die Farbpalette noch einmal etwas umgestellt. Goldmetallic war nicht mehr lieferbar, dafür kamen orange 113 mit schwarzer und grünblaumetallic 115 mit brauner Innenausstattung neu dazu.

Am 27. Juni 1973 rollte der letzte P 1800 ES vom Band. Nach 8.077 Exemplaren kam das Aus. Bedenkt man, daß das Design von P 1800, S und E sowie P 1800 ES rund 17 Jahre und 47.491 Fahrzeuge Bestand hatte, kann man schon von einem großen (Ent)Wurf reden. Gleichwohl muß man sehen, daß die Karosserieform des P 1800 schneller veraltet war, als man bei Volvo ursprünglich vermutete. Aus heutiger Sicht ist die Form sicherlich zeitlos schön, für die Käufer in den späten sechziger und frühen siebziger Jahren zählten bei der zu dieser Zeit eher etwas angestaubt wirkenden Karosserieform immer häufiger andere Qualitäten wie z.B. die sprichwörtliche Volvo-Qualität: Hohe aktive und passive Sicherheit, legendäre Zuverlässigkeit, hochwertige Karosseriequalität, Langzeitrostschutz und hohe Lackierqualität stellten das Gegengewicht für die nicht mehr ganz taufrische Karosserieform dar. Und genau diese Kombination führt heute zu der Faszination dieses Autos: Ein völlig eigenständiges, formschönes Coupé, das mit der Zuverlässigkeit und Alltagstauglichkeit eines modernen Autos aufwarten kann, ohne allzuhohe Wartungsansprüche zu stellen. Und da für die Einspritzermotoren auch noch die Möglichkeit der Nachrüstung eines geregelten Dreiwege-Kats besteht, gehört ein P 1800 sicherlich auch noch in der nächsten Generation zu den bewunderten und gesuchten Klassikern.

Wie geleckt! Der Motorraum dieses ES kann ohne zu zögern mit dem Prädikat »besser als neu« bezeichnet werden!

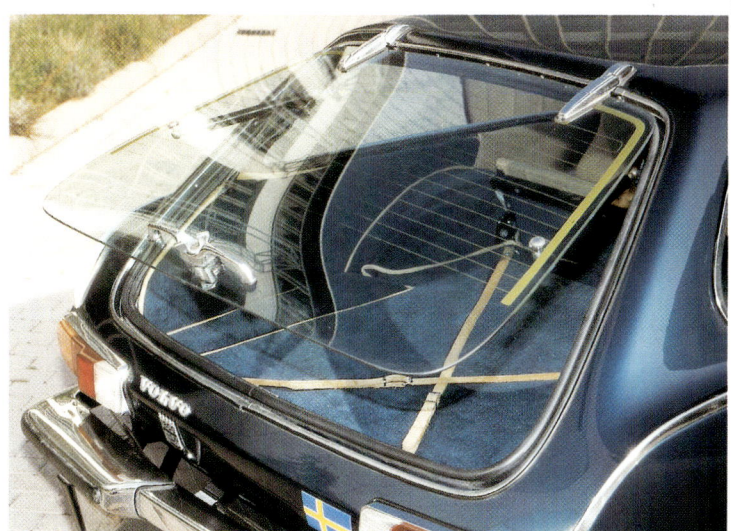

Um Glasbruch zu vermeiden muß die Heckklappe gegen den Widerstand der Dämpfer zugedrückt werden – von alleine kann sie nicht ins Schloß fallen!

Safety first: Die neuen Sicherheitsstoßstangen des Y

Aus die Maus:
Am 27. Juni 1973 rollte
der letzte P 1800 ES
vom Band

60   Volvo P 1800

Prototypen zum Dritten...

Sondermodelle und Einzelstücke

Neben den »offiziellen« Bemühungen des Hauses Volvo, einen Nachfolger für das Coupé zu finden bzw. das bestehende Modell zu aktualisieren, warteten gleich zwei unabhängige Modeschöpfer in Sachen Blechkleider mit ihren eigenen Vorstellungen auf. Ihre Hoffnung: Den schwedischen Autobauern den eigenen Entwurf zu verkaufen. Oder, noch besser, gleich dessen Serienherstellung zu übernehmen.

Zumindest bei Zagato im italienischen Terrazzano di Rho – bekannt durch spartanische Sport-Anzüge etwa auf Alfa-Bodengruppe – dürfte man mit dieser Möglichkeit geliebäugelt haben. Jedenfalls zeigte man zum Turiner Salon im Herbst 1969 unter der Bezeichnung Volvo GTZ ein knapp viersitziges Coupé, das in enger Zusammenarbeit mit Volvo Italia in Bologna entstanden war. Die gekonnt geformte Schöpfung bediente sich der Mechanik eines 142 S und erregte alleine schon durch ihre ungewöhnliche Farbkombination – dunkelblau mit orangem Interieur und Seitenstreifen – Aufmerksamkeit. Obwohl insgesamt durchaus überzeugend, blieb der 2 + 2-Sitzer ein Einzelstück.

Das gleiche Schicksal ereilte den zweiten Zagato-Volvo, der nur wenige Wochen später, beim Genfer Salon im Frühjahr 1970, seine

Zagato läßt grüßen: Volvo GTZ heißt dieses extravagant lackierte, knapp viersitzige Coupé. Es stand auf dem Turiner Salon im Herbst 1969 und war angeblich in Zusammenarbeit mit Volvo Italia entstanden. Was wohl aus dem Einzelstück geworden ist?

Premiere feierte. Volvo 3 GTZ hieß dieses Coupé, das auf der Technik des 164 basierte und formal längst nicht so gelungen wirkte wie der erste GTZ mit vier Zylindern. Vor allem die massive Frontpartie mit den halbverdeckten Scheinwerfern paßte nicht zu der ansonsten flüssigen Linienführung. Heute befindet sich der 3 GTZ – frisch restauriert – in Händen eines schwedischen Liebhabers.

Und damit kommen wir zu Sergio Coggiola, der den Beach-Car-Prototyp auf die Räder gestellt hatte und bereits einige Jahre später seine eigenen Vorstellungen von einem 1800er-Nachfolger präsentierte. Unter der Bezeichnung Volvo 1800 ESC auf dem Pariser Salon im Oktober 1971 enthüllt, lancierte Coggiola damit den sicherlich über-

Von der Zeichnung zum fahrfertigen Einzelstück: Der von Sergio Coggiola entworfene und gebaute Volvo 1800 ESC

Verblüffte die Besucher des Pariser Salons vom Oktober 1971. *Road & Track* **veröffentlichte sogar einen Fahrbericht vom dem Auto**

Gewöhnungsbedürftig: die Frontpartie des Coggiola-Autos...

...auch Armaturenbrett und Sitze bewiesen formale Eigenständigkeit

Und wieder läßt Zagato grüßen. Der 3 GTZ basierte auf dem opulenten 164 und verkörperte typisches Zagato-Design jener Jahre

Volvo P 1800 **63**

This is the Volvo 1800 convertible – created by Volvoville, U.S.A.

Oben ohne: der 1800 als Cabrio. Von vielen Fans erträumt, gab es von Volvo nie serienmäßig eine Cabrio-Version

zeugendsten Entwurf: Ein zweisitziges Coupé mit hinteren Notsitzen, das aus allen Blickwinkeln wie aus einem Guß erschien, mit einer Fülle ungewöhnlicher (dabei in sich stimmiger) Details aufwartete und sich allenfalls die üppigen Überhänge ankreiden lassen mußte. Das Ding sah aber nicht nur toll aus, sondern machte der Sicherheit durch Schwedenstahl alle Ehre und gab sich mit vorderen und hinteren Knautschzonen auch in dieser Hinsicht hochmodern. Ausführlich vorgestellt in der italienischen Fachzeitschrift *Style Auto*, brachte *Road & Track* (USA) im September 1972 einen Bericht über den 1800 ESC – und stellte abschließend fest: »We like the Coggiola Volvo very much and consider it a logical basis for a new production 1800 (...) How about it, Volvo?«

Aber auch der 1800 ESC schaffte nicht den Sprung in die Serienproduktion.

Daß es sich beim serienmäßigen P 1800 um ein Coupé handelte, bedauerten viele Leute. Da aber der schwedische Hersteller nun mal keine Offenversion anbot, wurden zwei Fachbetriebe tätig. Der eine saß in London, hieß Harold Radford Coachbuilding Limited und »konvertierte« gerade mal zwei Autos für einen Volvo-Händler im englischen Hull. Da war Volvoville – der größte US-Händler der schwedischen Marke – in Amityville/New York schon erfolgreicher. Die Firma von George Lazarus kappte zwischen 1963 und 1969 von rund 30 Coupés die Blechdächer, um sie durch Klappverdecke zu ersetzen, die ein örtlicher Bootsbauer lieferte. Sogar einen – allerdings sehr einfachen – Verkaufsprospekt gab es.

Fremdgänger
Herztransplantation

Sportliche Eleganz aus Frankreich: Facel Vega III mit unverwüstlichem Volvo-Motor

Der B18-Motor besaß schnell den Ruf des idealen und unverwüstlichen Aggregats, obwohl an ihm nichts sonderlich Bemerkenswertes auszumachen war. Es handelte sich um eine zeittypische Stoßstangenkonstruktion. Volvo jedoch legte bei den Zutaten großen Wert auf hochwertige Materialien und hatte zudem für die Serienfertigung die modernste Produktionsstraße eingekauft, auf der mit geringen Toleranzen und genau gewuchteten Bauteilen die legendären B18-Maschinen entstanden.

Das führende französische Blechpreßwerk Facel Vega, neben seinem Hauptgeschäftszweig auch Kleinserienhersteller von extraganten Hochleistungsfahrzeugen wie dem mit Chrysler-Hemi-V8 bestückten HK 500, hatte sich beim Einstieg in die kompakte Luxusklasse mit seinem 1959 vorgestellten und ab 1960 in Serie gefertigten kleinen Facellia, schwer verhoben. Der vom Getriebehersteller Pont-á-Mousson entwickelte 1,6-Liter-Vierzylinder mit zwei obenliegenden Nockenwellen drohte wegen sich häufender kapitaler Motorschäden schnell den Ruf der Marke zu ruinieren. Handlungsbedarf war angesagt. Um weiteren Imageverlust zu vermeiden blieb einzig der Rückgriff auf das Beste vom Besten übrig. Und so knüpfte man Kontakte nach Göteborg, da sich zeigte, daß das P 1800-Aggregat inclusive Overdrive-Getriebe problemlos der Facellia anzupassen war. Ab Anfang 1963 lief die schöne Französin mit schwedischem Herz in Paris vom Band, aber nur mehr 477 Stück dieser franzö-

Ist der Ruf erst ruiniert...: Leider vermochte nicht einmal das schwedische Triebwerk am schlechten Image des kleinen Franzosen etwas zu ändern

Volvo P 1800   **65**

Mit Kunststoffhaut und Holzchassis: Der extravagante Marcos 1800 GT wurde von einem grundsoliden B18-Motor befeuert

Vielleicht nicht schön, aber aufregend: der bizarre Marcos

So futuristisch wie das ganze Auto: das verwegene Armaturenbrett. Dennis Adams, der Designer, hatte ganze Arbeit geleistet

sischen Interpretation des P 1800-Themas wurden gefertigt. Indes, die Rettungsaktion kam zu spät. Der ramponierte Ruf führte dazu, daß Facel 1964 seine ehrgeizigen Autoprojekte für immer einstellte.

Ein anderer Kleinserienhersteller, der auf die robuste Sportlichkeit des B18B-Triebwerks setzte, kam von der britischen Insel und hieß Marcos. Ende der fünfziger Jahre hatten die Herren Jim *Marsh* und Frank *Costin* (daher der Name!) ihr kleines Unternehmen unweit von London gegründet und mit dem Bau technisch wie optisch extravaganter Fahrzeuge begonnen. Prunkstück und Dauerbrenner des Programms war jener von Dennis Adams gekonnt in Form gebrachte Marcos 1800 GT, der 1964 das Licht der Autowelt erblickte und dessen Kunststoffkarosserie auf einem Sperrholzrahmen – zusammengeleimt aus nicht weniger als 386 Einzelteilen – bestand. Seine aufregende Außenhaut und sein futuristisches Armaturenbrett schienen von einem anderen Stern zu sein. Sein Motor dagegen war ein durchaus irdisches und bodenständiges Aggregat: Genau, die gute alte B18B-Stoßstangenkonstruktion sorgte auch hier für Vortrieb! Daß der Motor bereits zwei Jahre später, 1966, zugunsten eines Ford-Vierzylinders in Pension geschickt wurde, hatte ausschließlich firmenpolitische Gründe. Daß man 1969 den Sperrholzrahmen zugunsten eines konventionellen Stahlchassis für immer verb(r)annte, ist dagegen nur zu verständlich. Übrigens: Das Dennis Adams-Design lebt bis in unsere heutige Zeit fort, allerdings verspoilert und verbreitert.

Übrigens: Jim Marsh baut noch immer unter der Markenbezeichnung Marcos Coupés und Cabrios.

Erfüllte Wünsche

Zubehör für den P 1800

Erst in den sechziger Jahren entdeckten die Automobilhersteller, welch großer Markt (und natürlich welch großartige zusätzliche Einnahmequellen) sich durch Zubehör erschließen ließen. Zwei wesentliche Auslöser führten zum Boom auf dem Zubehörmarkt. Der eine war die Serienreife des Transistors, wodurch sich vielfältige neue Einsatzmöglichkeiten ergaben.

Zwei Beispiele mögen dies verdeutlichen: Durch Transistorisierung wurden kompakte und auch für den Hobbyschrauber selbst einzubauende Autoradios möglich. 1961 stellt Philips, zusammen mit Blaupunkt der Hoflieferant von Volvo, das erste volltransistorisierte Autoradio mit UKW vor und zwei Jahre später kommt ebenfalls aus dem holländischen Eindhoven eine Erfindung, die den Musikmarkt revolutionieren sollte, die Compact Cassette. Wegen ihrer enormen Möglichkeiten fand sie schnell Eingang in den Automobilbereich, zunächst in getrennten Geräten, ab 1968, wiederum von Philips als erstem vorgestellt, in das Radio integriert. Zwei weitere auf den Möglichkeiten der Transistortechnik basierende Ereignisse führten zu einem Boom der mobilen Unterhaltungselektronik. Zum einen war dies 1963 der Beginn des Stereophonen Rundfunks in Deutschland und zum anderen führte Ray Dolby im gleichen Jahr erstmals öffentlich sein Rauschunterdrückungssystem vor.

Aber nicht nur die Unterhaltungselektronik, bei der die mobile ja nur ein kleiner Ausschnitt war, boomte. Durch Transistorisierung waren vielfältige neue Anwendungen im Automobil möglich. Alle möglichen (und unmöglichen) Zusatzinstrumente wurden nun preiswert in großer Serie realisierbar. Wer Sportlichkeit demonstrieren wollte, rüstete selbst seinen Alltagskäfer mit einem Drehzahlmesser nach. Waren diese bis in die fünfziger Jahre voll mechanisch und ähnlich wie ein Tachometer über eine Welle von Verteiler oder Lichtmaschine angetrieben, so entfiel durch den Transistor der ganze mechanische Aufwand. Durch einfaches Anklemmen von ein paar Kabeln konnte jeder halbwegs begabte Schrauber sein Auto auf sportlich trimmen. Aber auch Betriebszustände anzeigende Instrumente wie Öltem-

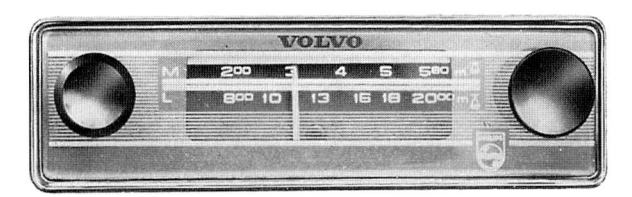

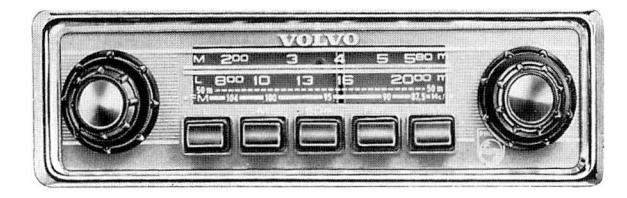

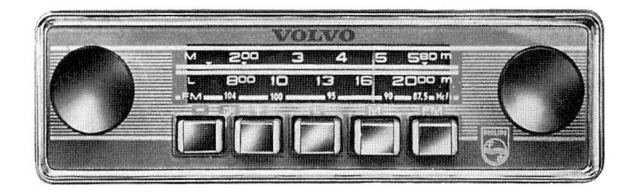

Der holländische Philips-Konzern lieferte zusammen mit Blaupunkt in den sechziger Jahren alle Volvo-Radios – hier die Modelle Volvo-Radio I, II und III

peratur, Öldruck, Amperemeter oder Voltmeter usw. wurden nun als Nachrüstsatz für einfache Montage möglich. In der Serienfertigung entfielen die aufwendigen und teueren mechanischen Instrumente (z.B. über dünne Kapillarröhrchen gesteuerte mechanische Kühlwassertemperaturanzeigen).

Der zweite Auslöser des Zubehörbooms war die stark zunehmende Motorisierungswelle, die zwangsläufig auch zum Wunsch der Individualisierung des eigenen Fahrzeugs führte. Und dies war primär nur durch Zubehör möglich.

Da Volvo immer möglichst komplett ausgestattete Fahrzeuge anbot, war für die ersten P 1800-Jahrgänge das Zubehörangebot zunächst sehr gering. Wegen der durchgehend roten Rücklichter war es notwendig einen separaten Rückfahrscheinwerfer mit dazugehörigem Getriebeschalter anzubieten und für erhöhte Sicherheit sorgten die Anfang der sechziger Jahre in Mode kommenden separaten Kopfstützen. Zusatzscheinwerfer rundeten das speziell auf den P 1800 zugeschnittene Programm ab. 1962 war das ein sehr kleines und überschaubares Angebot, das aber in den Folgejahren zügig ausgebaut wurde: Zum einen weil man es bei den P 1800-Käufern doch mit einer wesentlich kaufkräftigeren Kundenschicht zu tun hatte und zum anderen weil man diesen Markt nicht den freien Anbietern überlassen wollte. Vor allem die aufkommende Unterhaltungselektronik in den Fahrzeugen in Form von bezahlbaren und leicht einzubauenden und zu entstörenden Transistorradios nahm nun breiten Raum ein. Ende 1964 konnte der Volvo-Kunde für den P 1800 allein unter sieben verschiedenen Radiomodellen wählen. Neben vier Blaupunkt-Empfängern (Bremen L/M, Essen L/M/UKW, Stuttgart L/M/K und Frankfurt L/M/UKW) bot Volvo auch drei eigene Radios an, die freilich allesamt von Philips stammten: Sie nannten sich, ein Hoch auf den Erfindungsreichtum der damaligen Marketingleute, Volvo-Radio I, II und III (I Volvo-Radio M/L, II M/L/UKW, III M/K/UKW). Für den Einbau gab es vorbereitete Montagesätze sowie runde als auch ovale Philips-Lautsprecher mit dem so typischen silberfarbenen Abdeckgitter. Für optimalen Klang konnten zwei Lautsprecher mit einem Überblendregler versehen werden – denn es war ja noch – zumindest im Auto – das Mono-Zeitalter!

Den Klagen vieler P 1800-Fahrer über das zu klein geratene Gepäckabteil (die hatten nicht die Miniabteile anderer Sportwagen gesehen) trug Volvo nun mit einem speziellen und verchromten Gepäckträger für die Kofferraumklappe Rechnung. Abgerundet wurde das Angebot des äußeren Gepäckabteils durch so nützliche Ergänzungen wie eine Spannspinne oder eine maßgeschneiderte Abdeckplane. Die bislang einzeln erhältlichen Teile der Rückfahrscheinwerferanlage wurden nun im Satz zusammengefaßt und an der Front konnten erstmals asymmetrische Scheinwerfer eingestzt werden – natürlich original Volvo!

Dem skandinavischen Denken entsprangen so praktische Details wie Gummiformmatten, die bei schlechtem Wetter den Teppichboden im Fahrzeug gegen jegliche Unbill schützten. Passend zur übrigen Ausstattung konnte der Kunde seine Gummibodenformmatten auch noch zwischen links und rechts sowie rot und grau auswählen. Unter die gleiche Kategorie fallen die Liegesitzbeschläge, mit denen sich die Vordersitze im Handumdrehen in eine passable Ruhestätte verwandeln ließen. Eher der Optik dienten Radzierringe, die auch die neuen Felgen besser zur Geltung brachten. Ob eine Anhängerkupplung praktisch war oder eher das sportlichen Outfit eines 1800ers negativ beeinflußte (Stichwort: Schweinehaken), mußte jeder für sich entscheiden. Ab den VE/HE-Modell (ab Fahrgestellnummer 12.500) stand jedenfalls eine Anhänger-Zugvorrichtung, wie sie im deutschen Zubehörkatalog genannt wird, unter der Ersatzteilnummer 277965-0 zur Verfügung. Sie besaß eine geschmiedete 50 mm-Kugel und eine Konstruktion aus geschweißten Stahlrohren. Daß das Gewicht des Anhängers 750 kg nicht überschreiten durfte, sorgte eher dafür, daß man davon Abstand nahm, denn wer mehr zu ziehen hatte, wählte lieber einen Buckel oder Amazon (1.000 kg) oder gar einen Amazon-Kombi (1.200 kg).

Um neuen Vorschriften auf einigen Märkten besser begegnen zu können, waren nun in Deutschland Schmutzfänger rundum lieferbar, die z.B. in Schweden zur Serienausstattung gehörten. Auch den unterschiedlichen Anordnungen von Spiegeln trug Volvo durch ein breites Angebot Rechnung.

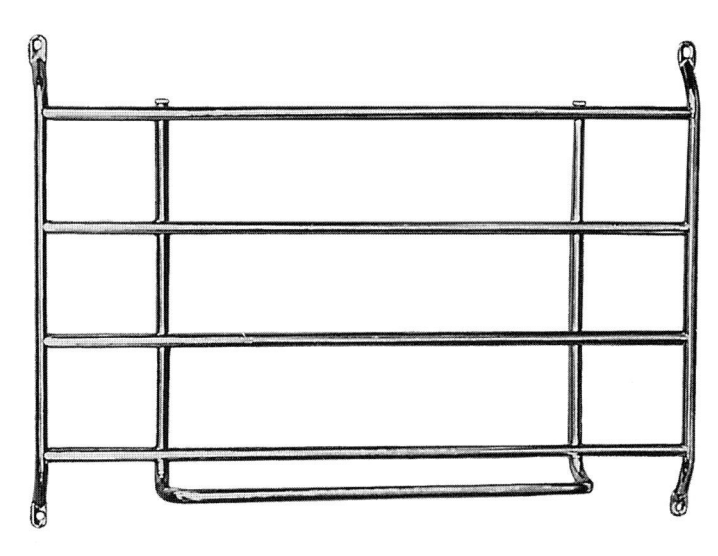

Neben dem spezifischen Zubehör für den P 1800 baute Volvo ein komplettes allgemeines Zubehörprogramm auf, das für Buckel, Amazon und bald auch für die 140er-Serie verfügbar war und alles zur Pflege und Verschönerung enthielt: vom Auspuffendrohr über Make-up-Spiegel bis zur Winterausrüstung.

Bis zum Jahre 1968 hatte Volvo das Zubehörangebot sowohl erweitert als auch gleichzeitig gestrafft! Es gab speziell für den P 1800 nur noch zwei Volvo-(Philips-Radios) mit M und M/UKW und wer Lautsprecher wollte, mußte sich aus dem allgemeinen Programm bedienen. Daß es keine speziellen Montage und Einbausätze mehr gab, mag schon im Vorgriff auf das im P 1800 E bald kommende neue Armaturenbrett erfolgt sein.

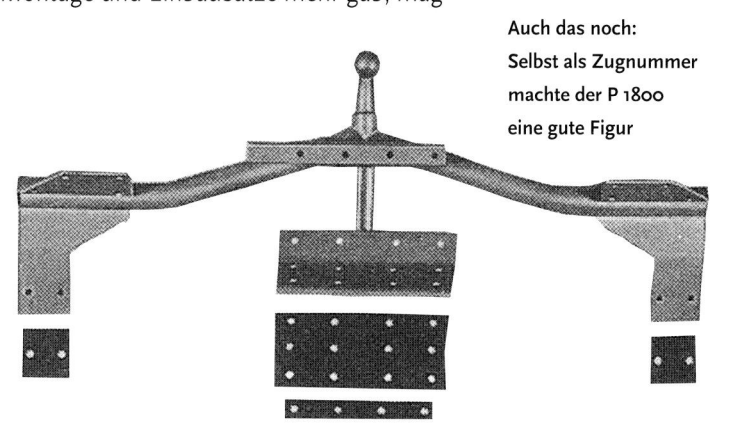

Mehr zur Aufwertung älterer Modelle diente ein nachrüstbares Heckscheiben-Element, das von innen aufs Glas geklebt

Wem der Kofferraum zu klein war, konnte einen Gepäckträger auf die Heckklappe montieren

Wer seinem Teppichboden Gummistiefel und Dreck ersparen wollte, legte den Fußraum mit Gummiformmatten aus

Auch das noch: Selbst als Zugnummer machte der P 1800 eine gute Figur

Volvo P 1800 69

Megaselten: die Speichenräder vom französischen Hersteller Robergel

Rechts:
Megapraktisch: Ablagefach zwischen den Sitzen

Megaheftig: Schutzbezug für das Ersatzrad mit integrierter Werkzeugtasche

wurde und selbst unter den schlimmsten Bedingungen noch ein Window zur dahinterliegenden Welt geöffnet hielt. Mit dem Aufkommen der heizbaren Heckscheibe war damals dieses Zubehör aber nur noch für die Fahrer älterer P 1800 interessant, die die Kosten für eine neue Heckscheibe scheuten.

Neu ins Zubehörprogramm war ein schwarzer Teppichboden gekommen, den es wahlweise mit weißem, rotem oder blauem Keder gab. Farblich passend konnte der P 1800-Besitzer entsprechende Sitzbezüge wählen – und sogar das Lenkrad blieb vom Verschönerungsgedanken nicht verschont, denn dafür gab es einen Lenkradschoner! Das gleiche für die Felgen hieß dann Felgenzierring! Und wer wollte, konnte selbst sein Reserverad mit einem Schutzbezug aus Kunstleder mit integrierter Werkzeugtasche überziehen. Speziell für den 1800 S kam eine Konsole als Ablagefach ins Programm, die auf dem Getriebetunnel montiert wird.

Und endlich gab es für den 1800er auch eine Motorraum- und Kofferraumbeleuchtung, beide stammten von Hella. Sportliche Fahrer hingegen schätzten, daß Volvos Sportabteilung nun endlich auch im Zubehörprogramm präsent und für die M 27- und M 30-Hinterachsen ein Sperrdifferential lieferbar war – Zubehör, das vor allem heute äußerst gesucht ist.

Für die Einspritzermodelle gestaltete Volvo den Innenraum komplett neu. Hierdurch ergab sich für Volvo erstmals die Möglichkeit, den Kunden eine Klimaanlage anzubieten, die sogar nachrüstbar war. Vor allem die Kunden auf dem amerikanischen Markt hatten seit langem diese Möglichkeit gefordert. Dort hatte es zwar eine universell in fast jedem Fahrzeug nachrüstbare Anlage gegeben, doch war deren Wirkungsgrad alles andere als beispielsweise dem kalifornischen Klima gewachsen.

Werfen wir als nächstes einen Blick ins Jahr 1972. Auf der Wunschliste eines E/ES-Käufers/Besitzers stand mittlerweile die Klimaanlage ganz oben auf der Prioritätenliste und in kälteren Klimaten entsprechend die Standheizung von Bahco. Natürlich war in Deutschland auch die manuelle Klimaanlage in Form eines Stahlschiebedachs lieferbar. Dies stand zwar in keiner Liste, war aber durch örtliche Gegebenheiten in Deutschland leicht machbar. Denn schließlich hatte Volvo sein Hauptquartier in Dietzenbach, keinen Steinwurf entfernt im Osten von Frankfurt befindet sich die Firma Golde (heute: Meritor), Hersteller der berühmten Golde-Stahlschiebedächer. Und wenn ein Kunde in seinem Volvo unbedingt ein Stahlschiebedach haben wollte, so wurde das Fahrzeug vor der Auslieferung eben kurz zu Golde gebracht, wo das entsprechende Schiebedach sozusagen ab Werk montiert wurde! Gegenüber anderen Fabrikaten besaßen die Golde-Produkte nicht nur den Vorteil des von Volvo autorisierten Labels Golde inside, sondern es baute auch sehr flach, weshalb auch großgewachsene Fahrer noch problemlos ihre Sitzposition finden konnten. Andere Konstruktionen arbeiteten mit einem extrem dicken Schiebedachkasten, so daß nur noch kleinwüchsige Fahrer in den P 1800 paßten, ohne mit dem Kopf ans Dach zu stoßen.

Neu auf der Unterhaltungsseite war die Abrundung des Programms durch ein M/UKW-Stereo-Radio, von dem Volvo vollmundig behauptete, daß es in »Zusammenarbeit mit einem der größten Radiohersteller der Welt entwickelt (wurde), wobei die Wünsche und Vorstellungen von Volvo voll berücksichtigt wurden. Es ist ein Original-Zubehör – bei den Volvo-Werken gründlich kontrolliert und getestet.« Im Preis enthalten waren Lautsprecher und Montagesatz. Zusätzlich waren weitere Lautsprecher und ein Umschalter für vier Lautsprecher erhältlich. Wer freilich in seinen 1800er ein solches Radio einbauen wollte, benötigte eine spezielle Halterung für den Tunnel in Kombination mit dem dort vorhandenen Tunnelfach, ab Baujahr 1970 war dieses Fach serienmäßig. »Die Halterung besteht aus demselben exklusiven Material wie das Tunnelfach« lobt der Prospekt die Halterung. Und natürlich durfte die in den USA so populäre 8-Spur-Cassette nicht fehlen. Unter der Bezeichnung Volvo 8 Stereo war sie in Verbindung mit einem Radioteil die einzige Stereoanlage, die Volvo in Deutschland anbot. Rund wurde das Angbot durch spezielle Antennensätze und einen Tonkopfreiniger für Volvo 8 Stereo.

Auf der Beleuchtungsseite bot Volvo den Fahrern, die nachts besser sehen wollten, spezielle Sealed-Beam-Scheinwerfereinsätze an. Hierbei handelte es sich um eine hermetisch abgeschlossene Einheit, in der der Spiegel wirksam vor äußeren Einflüssen geschützt wird. Der Sealed-Beam-Einsatz besteht aus einer starken Glasschale, die die beiden Glühfäden umschließt. Die Anschlußkontakte sind wie bei den herkömmlichen asymmetrischen Glühlampen angebracht. Für den P 1800 war zum Einbau ein spezieller Dichtungsring erforderlich. Das Sealed-Beam-Prinzip überlebte durch das Aufkommen der modernen H1- und H4-Systeme nicht.

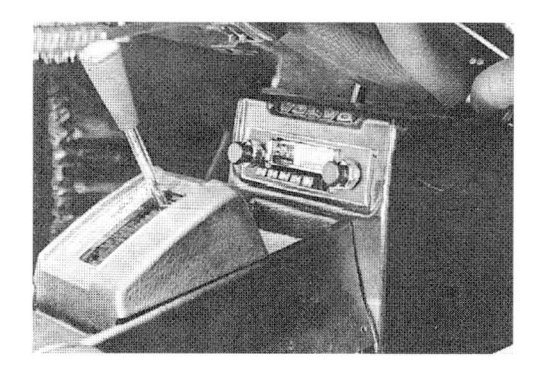

Bei allen E und ES war ein Spezial-Einbausatz für die Montage eines Radios in die Mittelkonsole notwendig

Untersuchungen in Schweden hatten gezeigt, daß sich viele Unfälle vermeiden ließen, wenn auch tagsüber mit Abblendlicht gefahren wird. Die sicherheitsbewußten Skandinavier machten bald regen Gebrauch davon – und vergaßen natürlich nach Beendigung der Fahrt, das Licht auszuschalten. Volvo konterte mit dem Lichtwarner, der den Fahrer per Warnton darauf aufmerksam macht, daß er vor dem Aussteigen sein Licht ausschalten sollte. Der kleine Piepser wurde einfach zwischen Türkontakt der Fahrertür (Masse) und Standlicht (Plus) eingebaut. Volvo lieferte ihn in einer Snabbex-Verpackung – heute würde man Blister dazu sagen. Für alle anderen Modelle gab es spezielle Satzzusammenstellungen für Glühlampen und Sicherungen – außer für den P 1800. Fahrzeugbesitzer behaupteten

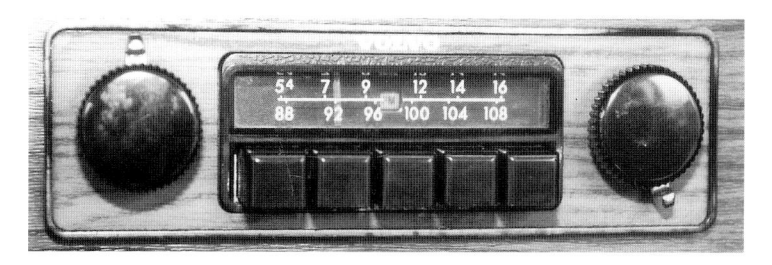

In den siebziger Jahren verloren Philips und Blaupunkt ihre Rolle als Hoflieferanten und die Volvo-Radios kamen nun aus Fernost

stolz, ihre Coupés benötigten dies nicht, weil daran nichts kaputt ginge. Realistischer ist eher die Vermutung, daß der Kundenkreis zu klein war. Zumindest konnten sich P 1800-Fahrer damit helfen, den entsprechenden Amazon-Satz oder einen ebenfalls lieferbaren Leerbehälter zu wählen, den man z.B. für die Lucas-P 1800 mit den entsprechenden Glühbirnen und Sicherungen bestücken konnte. Um den Werkstätten diesen Service zu erleichtern, fand sich im Katalog »Volvo-Original-Zubehör« auch die passende Liste, aus der man sogar zwischen Osram und Philips-Birnen wählen konnte. Daß man bereits zu Beginn der siebziger Jahre mit steigender Kriminalität zu kämpfen hatte, zeigt, daß Volvo für den P 1800 ein nachrüstbares Lenkradschloß anbot.

Die Pflegeseite bestand aus dem üblichen Programm, Ausbesserungslacke in Dosen (1,0 und 0,1 kg), Spraydosen in 130 und 370 g sowie jeweils einen Farbstift und in Literdosen Einbrennlack. Daneben gab es Radfarbe und Motorlack. Abgerundet wurde das Programm durch ein umfassendes Angebot an Pflegeartikeln wie Autoshampoo, Politur, Wachs, Chromschutz, Rostschutzöl, Brilliantwachs und einem Schwamm. Eher für Werkstätten waren solche Artikel wie Dichtungsmassen, Karosserieleim, Klebeband, Dekalin, Fugenmassen, Permantex, Fensterdichtmasse, Kontaktöl usw.

Decken (im Katalog vornehm französisch bzw. schwedisch Plaid genannt) sowie Schonbezüge, Gummiformmatten, Ersatzkanister, Abschleppseil und ein Scheibenwischer-Intervallschalter (von Hella) rundeten das bescheidene Angebot für den P 1800-Fahrer ab. Die Volvo-Zubehör-Boutique hatte sich ganz klar auf die Käufer der Volumenmodelle der 140er-Serie eingeschossen!

Neben dem normalen Zubehör bot Volvo zu Beginn der siebziger Jahre auch sein sportlich orientiertes GT-Programm an. Obwohl es sich dabei primär um ein auf die 140er- und später auf die 240er-Serie ausgerichtetes Angebot handelte, fanden sich hierin einige wenige Spezialteile für den P 1800. An vordersten Stelle stand das von der Anmutung an die Cromodora-Felge des E erinnernde GT-Rad mit spezieller Radkappe und Hutmutter, das es beispielsweise in der Schweiz gab, aber nicht in Deutschland, weil es hier durch die ATS-Fünfstern-Felge ersetzt wurde. Daneben konnte der P 1800-Pilot an spezifischen GT-Teilen nur noch zwischen einem Paar Nebelscheinwerfern und Fernscheinwerfern wählen.

Das gesuchteste Zubehör jedoch stammt nicht aus dem Volvo-Regal. Es sind die Chromspeichenräder von Robergel aus Frankreich. Für einen Satz werden heute wahre Liebhaberpreise aufgerufen.

Für alle Fälle:
Ersatzlampenkasten

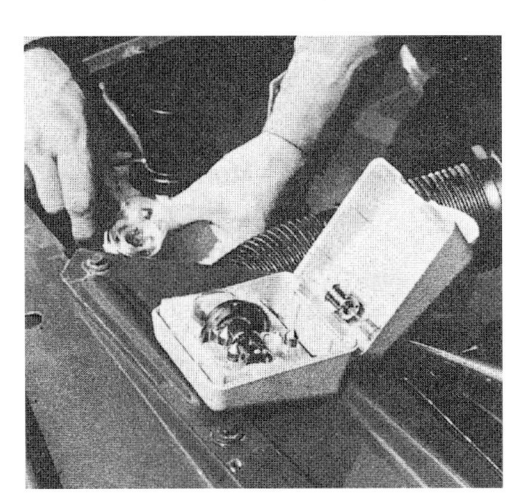

Für guten Empfang:
Originalantenne

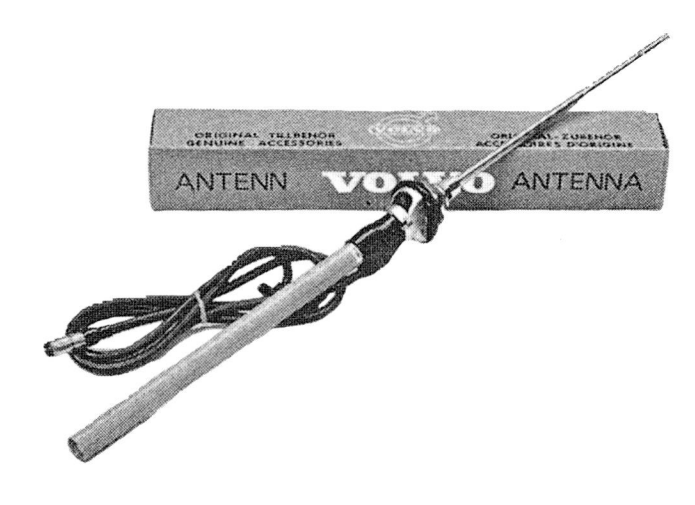

Originalzubehör
wie der Volvo P 1800 noch schöner wird

Originalzubehör nach Angebotsjahr Volvo P 1800

Teile-Nr.	Zubehör	Teile-Nr.	Zubehör	Teile-Nr.	Zubehör
1962		277407	Montagesatz für Blaupunkt L/M/K-Welle Radio	277464	Liegesitzbeschläge rechts
279251	Rückfahrscheinwerfer			277528	Sitzbezug
277324	Getriebeschalter für Rückfahrscheinwerfer	277411	Montagesatz für Blaupunkt UKW-Radio	277530	Sitzbezug rot
277328	Scheinwerferabdeckung	277431	Volvo-Radio I (Philips) M/L-Welle	277532	Sitzbezug blau
277586	Kopfstützen			279982	Lenkradschoner, schwarz
279901	Zusatzscheinwerfer	277432	Volvo-Radio II (Philips) M/L/UKW	277585	Felgenzierring
				277965-0	Anhänger-Kupplung (ab Fgst.Nr. 12500/bis 750 kg)
1965		277433	Volvo-Radio III (Philips) M/K/UKW		
277154	Gepäckträger auf Kofferraumklappe	277521	Spiegel	**1972**	
277007	Spannspinne für Gepäckträger	279980	Spiegel	279932-8	Klimaanlage E/ES
		279985	Spiegel	279937-7	Einbausatz für Klimaanlage
277437	Plane für Gepäckträger	277463	Liegesitzbeschläge links	279961-7	M-Welle-Radio
277184	Felgenlack grau ¼ US-Gallone (0,947 l)	277464	Liegesitzbeschläge rechts	279960-9	M/UKW-Radio
		277224	Gummibodenformmatte grau links	284027-0	M/UKW-Stereo-Radio
279251	Rückfahrscheinwerfersatz			282328-4	Matte E/ES grau links
279522	Scheinwerfereinsatz asymmetrisch	277225	dito grau rechts	282329-2	Matte E/ES grau rechts
		277456	dito rot links	282975-2	Matte E/ES schwarz links
277175	Schmutzfänger vorn	277457	dito rot rechts	282976-0	Matte E/ES schwarz rechts
277176	Schmutzfänger hinten	7776008	Handbuch	279998-9	Nebelscheinwerfer rund
277174	Schmutzfängersatz	79619	Spiegel	284005-6	Nebelscheinwerfer rechteckig
279958	Radiosatz	277396	Felgenzierring		
279122	Lautsprecher Philips rund Ø 167 mm	277581	Felgenzierring	282913-3	Leichtmetallrad E/ES 5 ½"
				281497-8	Spiegel E/ES
279129	Lautsprecher Philips Ø 130 mm	**1968**		284002-3	Gepäckträger ES
		279958	M-Welle-Radio	282394-6	Radkappe ab Fgst.Nr. 30001
279134	Lautsprecher Philips oval 103 x 155 mm	279962	M/UKW-Radio	688984	Radkupolmutter
		277444	Heizbares-Heckscheiben-Element	282925	Lenkradschutz Leder, schwarz
277440	Montagesatz P 1800			282500-8	Standheizung P 1800 E/ES
277440	Montagesatz für P 1800 in Kombination mit Volvo Autoradio II und III	279923	Teppichboden schwarz weiß	277329-9	Abschleppseil/Stahl
		279924	Teppichboden schwarz rot	277921-3	Abschleppseil
		279925	Teppichboden schwarz blau	281466-3	Reservekanister 5 Liter
279704	Überblendregler für zwei Lautsprecher	277441	Gummimatte grau links	281467-1	Reservekanister 11 Liter
		277225	Gummimatte grau rechts	282436-5	Intervallschalter
277403	Blaupunkt-Radio Bremen L/M	277442	Gummimatte rot links	**GT-Teile**	
		277457	Gummimatte rot rechts	282393-8	GT-Rad
277419	Blaupunkt-Radio Essen L/M/UKW	279954	Sperrdifferential M30-Achse	282394-6	Radkappe
		279953	Sperrdifferential M27-Achse	688984-4	Hutmutter
277404	Blaupunkt-Radio Stuttgart L/M/K	279894	Motorraum/Kofferraum-Beleuchtung	282018-1	Nebelscheinwerfer 168 mm
277408	Blaupunkt-Radio Frankfurt L/M/UKW	277463	Liegesitzbeschläge links	282019-9	Fernscheinwerfer 168 mm

Farben, Lackcodes und Innenaussattungen

P 1800	P 1800 S	P 1800 E	P 1800 ES
1961 weiß 69 (rot)* rot 70 (weiß)* grau 71 (rot)* 1962 weiß 69 (rot)* rot 70 (weiß)* grau 71 (rot)*	1963 rot 46 (schwarz) perlweiß 79 (rot) grafitgrau 80 (rot) 1964 rot 46 (schwarz) perlweiß 79 (rot) grafitgrau 80 (rot) schwarz 19 (rot) 1965 perlweiß 79 (rot) rot 46 (schwarz) grafitgrau 80 (rot) hellblau 89 (schwarz) 1966 perlweiß 79 (rot, auf Wunsch schwarz) rot 46 (schwarz) hellblau 89 (schwarz) hellgrün 91 (schwarz) grafitgrau 80 (rot) 1967 perlweiß 79 (rot) rot 46 (schwarz) eisblau 95 (schwarz) hellgrün 91 (schwarz) dunkelgrün 94 (braun) schwarz (rot) 1968 perlweiß 79 (rot) rot 46 (schwarz) eisblau 95 (schwarz) hellgrün 91 (schwarz) dunkelgrün 94 (braun) 1969 californiaweiß 42 (rot) rot 46 (schwarz) dunkelgrün 94 (braun) dunkelgrau 98 (rot) mittelblau 99 (braun) safarigelb 100 (schwarz) stahlblaumetallic 102	1970 californiaweiß 42 (rot, auf Wunsch schwarz) rot 46 (schwarz) dunkelgrün 94 (braun) dunkelgrau 98 (rot) mittelblau 99 (braun) safarigelb 100 (schwarz) stahlblaumetallic 102 (schwarz) 1971 californiaweiß 42 (rot, auf Wunsch schwarz) rot 46 (rot, auf Wunsch schwarz) dunkelgrün 94 (braun) safarigelb 100 (schwarz) stahlblaumetallic 102 (rot, auf Wunsch schwarz) türkis 104 (schwarz) goldmetalic 105 (schwarz, auf Wunsch braun)	1972 californiaweiß 42 (braun) rot 46 (schwarz) goldmetalic 105 (braun) sonnengelb 107 (schwarz) zypressengrün 110 (braun) hellblaumetallic 111 (schwarz) 1973 californiaweiß 42 (braun) rot 46 (schwarz) sonnengelb 107 (schwarz) zypressengrün 110 (braun) hellblaumetallic 111 (schwarz) orange 113 (schwarz) grünblaumetallic 115 (braun)

* Zelluloselack alle anderen: Kunstharzlacke

No Sports...

Der P 1800 im Motorsport

Keine Frage: Ein Sportler war der Volvo P 1800 nie, wollte und konnte er von seiner ganzen Anlage her auch nicht sein (zumal Buckel und Amazon die wesentlich besseren Voraussetzungen mitbrachten). Da hatte *Auto, Motor und Sport* schon recht, als in einem am 20. Juni 1963 abgedruckten Vergleichstest der 1800 S als komfortabler Reisewagen charakterisiert wurde. Und doch: Trotz seines hohen Gewichts und der limousinenhaften Fahrwerksauslegung gab es einige wenige Versuche, das elegante Coupé bei Rennen und Rallies einzusetzen. So hieß es Damenwahl bei der englischen RAC-Rallye von 1961, wo Ewy Rosqvist sich für den Beau aus Göteborg entschied. Vielleicht hat sie es bereut, denn ein lecker Benzintank setzte allen Erfolgsaussichten ein Ende. Immerhin rettete sie sich aus eigener Kraft ins Ziel, das vor ihr übrigens der legendäre Erik Carlsson auf Saab als Sieger passiert hatte. Schlechte Erfahrungen machte auch Tom Trana, der im selben Jahr bei der »Rallye Mitternachtssonne« an guter Position liegend mit Kupplungsschaden die Segel streichen mußte.

Immerhin gelangen ein paar Achtungserfolge auf der Rundstrecke, vor allem in den USA. Der unermüdliche Richard Hull etwa konnte zwischen 1964 und 1966 ein paar Siege in seiner Kategorie herausfahren, so 1964 beim S.C.C.A.-Rennen (Sports Car Club of America) in Riverside, Kalifornien. Dafür konnten sich zwei 1800er bei den im Frühjahr 1964 ausgetragenen 12 Stunden von Sebring nachdrücklich in Szene setzen. Beim einen saß der berühmte französische Rennfahrer und New Yorker Restaurantbesitzer René Dreyfuß am Steuer. Freilich nicht, um schnell zu sein, eher im Gegenteil: Als »Blue Flag Marshall« hielt er die langsameren Fahr-

Bavaria 95.
Das Ehepaar Focke
mit ihrem 64er P 1800

zeuge den schnelleren vom Leib. Während sich ein anderer – uns unbekannter – Volvo-Pilot einen spektakulären Sturz leistete und sein mit der Startnummer 49 versehenes Coupé mit Donner und Doria in die Landschaft schmiß. Und dies auch noch unter den Augen eines reaktionsschnellen Fotografen, dem ein wirklich eindrucksvolles Foto gelang.

Aber wen die Götter lieben, dem geben sie eine zweite Chance. Und so erlebt der P 1800 im historischen Rennsport eine neue Karriere: Garry Small in den USA, Ray Ryan in Australien, Uwe Schaper in Deutschland oder Tomas Ekman aus Schweden waren oder sind im P 1800 unterwegs. Und das ebenso stilvoll wie schnell!

Schnell unterwegs: Schwedischer P 1800 in maximalen Trim

Schnelle Runde: Im historischen Motorsport halten nur wenige dem P 1800 die Treue

Da geht's raus –
aber zum Glück blieb
der Pilot im Auto und
wurde nicht verletzt.
»Tatort« war das
12-Stunden-Rennen
von Sebring 1964

Noch heute aktiv:
der Volvo P 1800. Hier
Tomas Ekman aus Motala,
Schweden bei einem
historischen Rennen

Volvo P 1800 77

»Street Altered« heißt die Rennklasse, in der diese gelben Renner antraten. Vom Ausgangsfahrzeug blieb bei der...

Unten: ...Verwandlung in einen Dragster kaum mehr als die Silhouette übrig

...but Tuning!
Volle Kraft voraus

Schweden gilt als europäische Hochburg des Dragrace. Wen wundert's da, wenn auch P 1800er auf der Quartermile um den Sieg beschleunigen

Während Buckel und Amazon sich sehr schnell zu Motorsportgeräten entwickelten, trat der P 1800 auf diesem Betätigungsfeld eher als Mauerblümchen auf. Gleichwohl konnte wer wollte auf die unzähligen Möglichkeiten zurückgreifen und seinen P 1800 mit genau jenen Fahrleistungen versehen, die das äußere versprach, aber nie richtig halten konnte!

Während in Schweden durch den Motorsportboom in den späten sechziger Jahren an jeder Tankstelle ein Tuningkit bereitlag und das große Zeitalter der Autoteileversender anbrach, war es in Deutschland nur eine kleine Schar von Sportfahrern, die ihren 1800er mit mehr Leistung ausstatten wollten, und dabei zuallerst auf das hauseigene Volvo-Programm zurückgriffen. Profitieren konnten 1800er-Piloten natürlich von der Amazon-Basis ihres Fahrzeugs, denn für die P120/130-Baureihe gab es endlose Möglichkeiten, Motor und Straßenlage zu optimieren, während Volvo-Deutschland für die B18 und B20-Motoren im Laufe der Jahre nur zwei komplette Tuningkits anbot.

Für den B18B-Motor, so wie er im P 1800 serienmäßig installiert war, bot Volvo-Deutschland aus dem Programm des Volvo Competition Service für rund 2.000 Mark den sog. 128 PS-Umbausatz an. Er enthält einen Spezial-Zylinderkopf mit auf 11:1 erhöhter Verdichtung, Einlaßventilen mit 42 mm Tellerdurchmesser und verstärkten Ventilfedern. Dieser Kopf konnte auch einzeln unter der Teilenummer 419350-7 bezogen werden. Wer heute diesen Kopf haben möchte, verwendet zusammen mit anderen Ventilführungen die Ventile des B20-Motors und hat zudem noch den Vorteil, daß zusammen mit Sitzringen und stellitierten

Uwe Schaper wagte sich als einziger bei den Historischen mit seinem P 1800 auf die Rundstrecke

**Das macht Dampf:
Der von Volvo angebotene
140 PS-Satz mit doppelten
Solex-Vergasern**

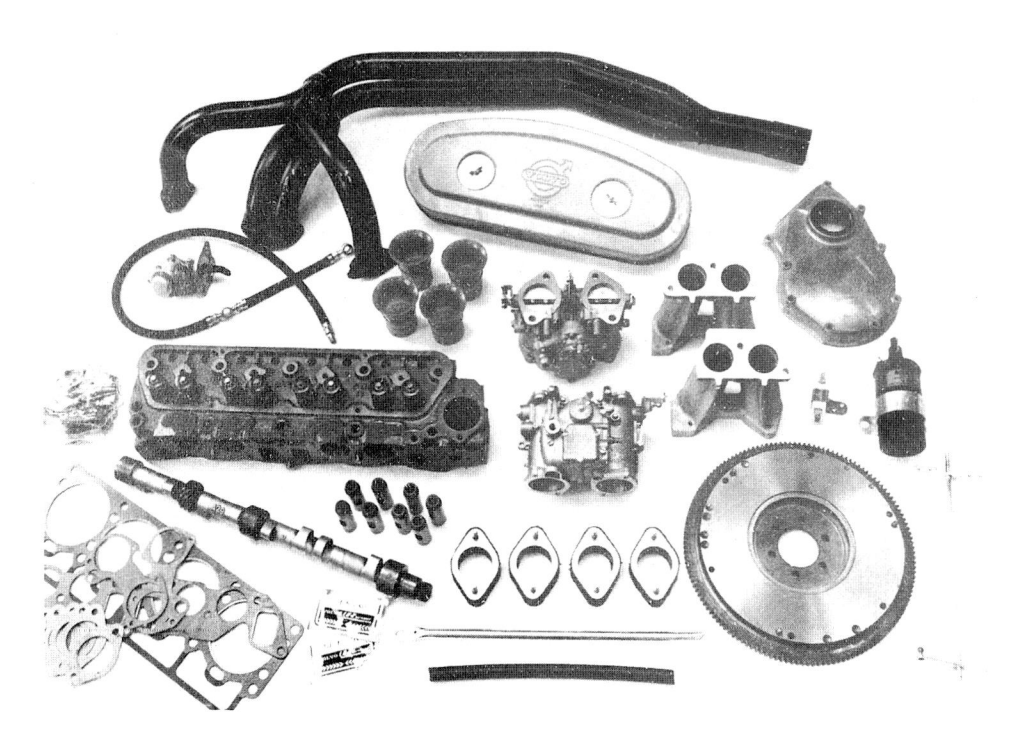

Auslaßventilen ein problemloser Bleifreibetrieb möglich ist. Die Verdichtung sollte allerdings nicht erhöht werden, da die heutigen Kraftstoffe klingelfreudiger sind als die früheren verbleiten, für die ja vor allem die Sportmotoren von Volvo ausgelegt waren.

Der 128-PS-Satz nahm bei Volvo die Einspritzernockenwelle vorweg, denn der Kit enthielt unter der Teilenummer 419258 eine Spezialnockenwelle, die erst Jahre später als D-Nockenwelle im Einspritzmotor in Serie ging. Da in den sechziger Jahren die meisten 1800er noch mit der Auspuffanlage mit einfachem Flammrohr ausgestattet waren, bot Volvo im Satz zudem einen Spezial-Auspuffkrümmer an. Diese einteilige geschweißte Stahlrohrausführung (Teilenummer 419381) besaß in optimierter Ausführung das doppelte Flammrohr, wie Volvo es 1965 in Serie gingen ließ. Die Vorteile: verbesserter

**Die kleine Lösung in
Form des GT-Satzes holt
aus einem Vergaser-B20
rund 128 PS heraus**

Drehmomentverlauf aus niedrigen Drehzahlen und höhere Maximalleistung. Der 128-PS-Satz enthielt zudem hochwertige Kurbelwellenlager in Dreistoff-Ausführung. Der serienmäßige Ansaugtrakt inclusive Vergaser wurde beibehalten, die Vergaser wurden jedoch mit anderen Nadeln (237242), weicheren Federn mit anderer Kennung und dünnerem Dämpferöl (Viskosität SAE 5) ausgerüstet. Die Kupplung wurde zudem mit einer verstärkten Mitnehmerscheibe versehen. Die Zündkerzen mußten der höheren Leistung angepaßt werden. Statt der serienmäßigen 225er-Bosch-Kerzen kamen nun 280 T13S zum Einsatz, die jedoch den Nachteil hatten, im Kurzstrecken- und Stadtverkehr sehr schnell zu verrußen. Als Alternative boten sich W 240 T1 an.

Den 128 PS-Kit konnte man für rund 2.000 Mark entweder komplett kaufen und ihn beim Volvo-Händler einbauen lassen oder direkt ab Dietzenbach von Volvo-Deutschland für rund 2.500 Mark fertig eingebaut ordern.

Mit der Einführung des R-Sport-Programms kam unter der Teilenummer 552861-7 ein weiterer Tuning-Kit von Volvo auf den Markt, der sog. 140-PS-Satz für den B20-Motor.

Tiefgreifende Eingriffe waren jedoch nötig, um aus 100 PS drehfreudige 140 werden zu lassen. Der von Volvo entwickelte Umbaukit umfaßte eine D-Nockenwelle mit doppelt gehärteten Ventilhebern, einen Zylinderkopf mit bearbeiteten Kanälen (und 44 mm Einlaß- sowie 35 mm Auslaßventilen mit Radialsitzen), Stahlstirnrädern sowie eine spezielle Vergaseranlage mit zwei doppelten Solex 45 ADDHE mit Saugrohr, großem ovalen Luftfilter und Stütze sowie eine Hochleistungsbenzinpumpe. Das prinzipielle Problem dieses Satzes, der eigentlich für die 140er-Serie aufgelegt worden war, stellt im P 1800 die Platz beanspruchende Solex-Vergaseranlage mit ihrem großen Luftsammler dar. Für den Einbau muß die rechte Seitenwand irreversibel und extrem stark modifiziert werden, was heute aus Originalitätsgründen nicht zu empfehlen ist. Das gleiche gilt natürlich auch für einen Umbau auf die heute bevorzugten Weber-Vergaser. Tuning findet daher für die meisten P 1800-Besitzer heute auch beim B20-Motor nur mit den S.U.-Vergasern analog dem 128 PS-B18-Satz statt.

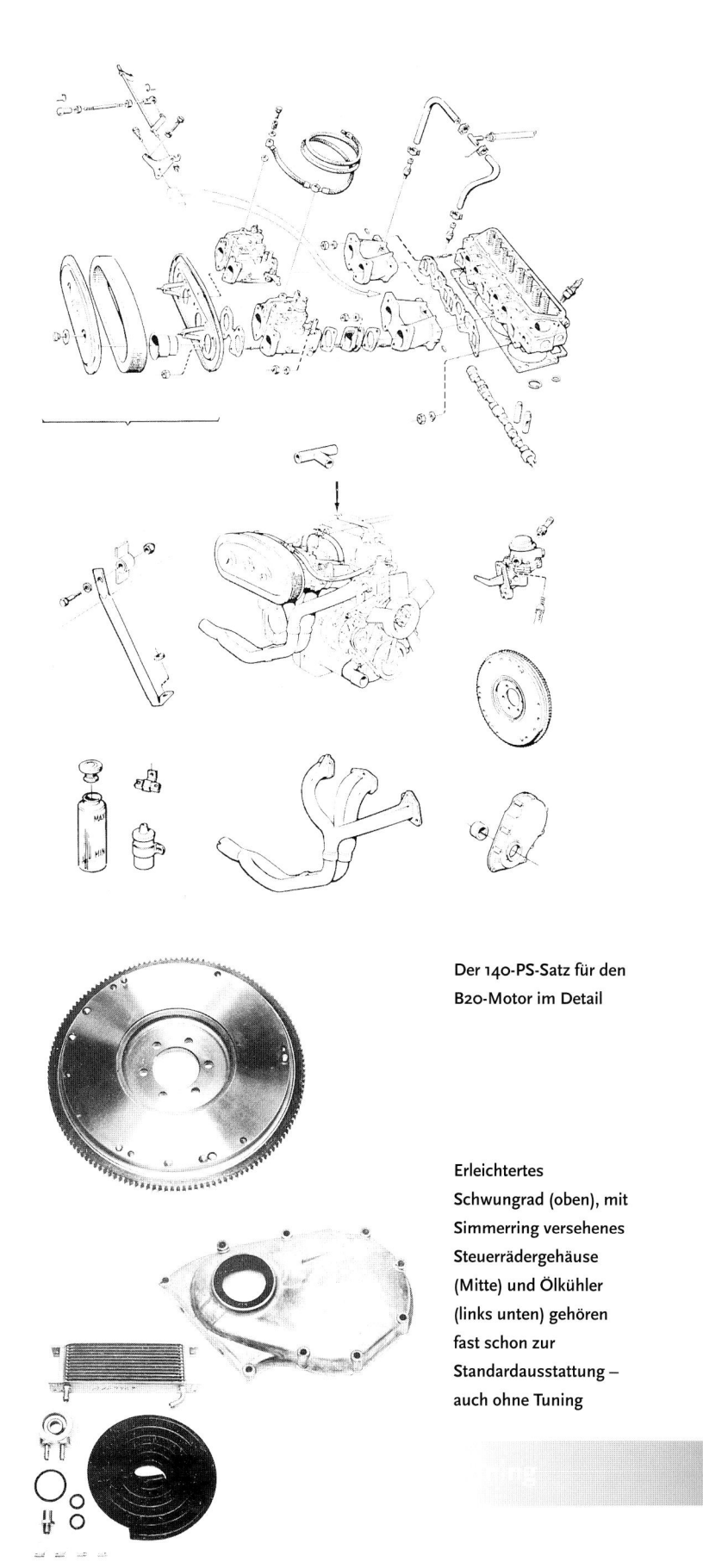

Der 140-PS-Satz für den B20-Motor im Detail

Erleichtertes Schwungrad (oben), mit Simmerring versehenes Steuerrädergehäuse (Mitte) und Ölkühler (links unten) gehören fast schon zur Standardausstattung – auch ohne Tuning

Alle Volvo-Goodies auf einmal: geschmiedete Kolben, erleichterte Stößel, elektrische Benzinpumpen, Spezialzylinderkopf, Ölkühler, Stahlstirnräder mit doppelter Zahnzahl

Wer heute mehr Leistung möchte, wird eher die unauffällige Variante wählen und die Vorteile der B18/B20-Motoren, den sehr robusten Motorblock, den man erst bei höheren Leistungen entsprechend bearbeiten muß, nutzen. Gleichwohl nehmen viele die Überholung zum Anlaß, um auch hier zu Optimieren. Feinwuchten der Kurbelwelle zusammen mit erleichterter Schwungscheibe und Kupplung, erleichtern, polieren und Kugelstrahlen sowie Auswiegen der Pleuel, gleiches Gewicht für alle geschmiedeten Kolben, Hochleistungsölpumpe, erleichterte Stahlstirnräder und Umbau der Kurbelwellenabschlußdeckel auf Simmerringe dienen, wenn der Motor ansonsten unverändert erneuert wird, vor allem der Laufruhe und Lebensdauer. Höhere Leistung ist hier zunächst nur erwünschtes Nebenprodukt. Diese Verfeinerungen sollten gleichwohl aber immer Voraussetzung für eine Leistungskur sein, denn nur ein optimaler Block sollte als Basis dienen.

Motortuning umfaßt vier Baugruppen: Ventilsteuerung (Nockenwelle samt Übertragung), Zylinderkopf, Gemischaufbereitung und Auspuffanlage. Begonnen wird mit den ersten beiden. Das Angebot an Nockenwellen ist groß. Für eine moderate Leistungssteigerung wird eine der beiden Einspritzerwellen des B20 zum Einsatz kommen. Diese tragen die Bezeichnung K oder D. Die K-Welle liefert aus niedrigen Drehzahlen beim Hochdrehen mehr Drehmoment, während die D-Welle ab rund 3.500 U/min richtig zur Sache geht und eine höhere Spitzenleistung bereitstellt, aber auch mit einem optimierten Block von »unten heraus« schaltfaul ab etwa 1.800 U/min gefahren werden kann. Hiermit sind mit den S.U.-Serienvergasern Leistungen zwischen 110 und 125 PS, mit zwei Weber- oder Solex-Doppelvergasern bis 140 PS ereichbar. Noch schärfer sind die F-(11,4 mm Ventilhub, 300 Grad), R-(11,6 mm/287 Grad), S-(12,9 mm/300 Grad) oder U-Welle (12,9 mm/312 Grad). Von einigen schwedischen Tuningfirmen werden noch schärfere Geräte angeboten, die bis zu 14 mm/320 Grad gehen und auf der Straße kaum mehr zu fahren sind, weil der Leerlauf zu hoch und das nutzbare Drehzahlband sehr schmal wird. Hierfür sind aber immer doppelte Weber-Vergaser notwendig.

Die Bearbeitung von Zylinderköpfen ist sehr aufwendig. Wer nicht über die nötige Erfahrung verfügt, sollte dies einem Volvoerfahrenen Spezialisten überlassen. Die einfachste Variante ist die Montage eines B20-Kopfes aus einem 140/240er der Modelljahre 1973 bis 1975. Aus Rationalisierungsgründen verbaute Volvo hier bei den Einvergasermotoren die gleichen Ventilgrößen wie im Einspritzmotor, weshalb diese Köpfe die großen Einlaßventile besitzen. B18-Aggregate haben serienmäßig 40 mm Einlaß- und 35 mm Auslaßventile, B20 auf der Einlaßseite bis 1972 42 mm, danach 44 mm und auf der Auslaßseite 35 mm. Als Extremgrößen werden aber auch Ventilkombinationen bis 47 mm/38,5 mm angeboten.

Beim Fräsen der Ventilsitze wird der Steg zwischen den Ventiltellern dann allerdings so schmal, daß Rißbildung hier vorprogrammiert ist. In der Regel wird man Ventilgrößen von 42/35 mm beim B18 und 44/35 beim B20 mm einbauen. Um die Kompression bei den Vergasermotoren zu erhöhen, ist die Höhe des Kopfes von 88 mm auf maximal 84,6 mm zu reduzieren, was eine Verdichtung von maximal 11,5:1 ergibt. Gleichzeitig wird der Verbrennungsraum auf 91 mm verbreitert, wodurch die normale B20-Kopfdichtung (Volvo-Teilenummer 419310) paßt. Bei 44/37 mm Ventilen muß der Verbrennungsraum auf 92,3 mm vergrößert werden, weshalb hier die sogenannte GL-Kopfdichtung (Teilenummer 419763) verwendet werden muß. Die Größe der Auslaßkanäle beträgt auf der Mündungsseite beim Serienkopf 24 x 35 mm. Sie können bis 27 x 39 mm bzw. 28 x 40 mm vergrößert werden. Ebenso werden die Einlaßkanäle erweitert. Unterhalb des Ventilsitzes bis auf 35 mm, um von hier zur Mündungsseite bis auf 41 mm zu steigen, wodurch die Bohrungen der Ansaugkrümmerführungen weggenommen werden. Auch hier ist dann wieder eine spezielle Dichtung fällig (Volvo-Teilenummer 419764). Wer sich so weit vorwagt, wird auch die Brennräume auslitern, die Kanäle polieren und zur Krönung den Kopf auf einer Strömungsmeßbank optimieren. Bei den Einspritzmotoren der E- und F-Variante ist eine Tuningkur nur durch Feinbearbeitung sinnvoll, weil das Steuergerät nur in Grenzen Mehrleistung toleriert.

Zu einem bearbeiteten Kopf gehört auch eine Hubraumvergrößerung. Durch Aufbohren sind bis zu 2,2 Liter möglich. Die hierbei verwendeten Schmiedekolben benötigen jedoch ein relativ großes Laufspiel, wodurch diese Motoren immer einen deutlichen Ölverbrauch zeigen. Durch exzentrisches Umschleifen der Hubzapfen der Kurbelwelle (wodurch diese allerdings über Gebühr geschwächt wird) tritt eine Hubverlängerung ein, wodurch bis knapp 2,4 Liter erreicht werden. Von der Theorie her macht die moderateste Variante mit den Kolben des späteren B21-Motors am meisten Sinn. Hier werden 2,1 Liter Hubraum erreicht. Da aber bekanntlich nicht alles Gold ist, was glänzt, hat dieser Umbau auch seinen Pferdefuß im Durchmesser der Kolbenbolzen. Er beträgt 24 mm statt der bis Baujahr 1972 üblichen 22 mm. Entweder verwendet man dann den späteren Block (mit den bekanntermaßen schlechteren Pleueln) oder man läßt die Bolzen ohne Lagerbüchse direkt im Pleuelauge laufen...

Von Volvo selbst wurden in Schweden weitere als 128- und 140-PS-Kit angeboten: Bis 1978, dem Jahr, als Volvo R-Sport seine Aktivitäten begann, waren die Sätze in vier Stufen (Stage I bis IV), danach nur noch in drei Stufen (Special I bis III) neben dem Einsteigersatz GT im Programm. Diese Kits wurden zwar für den P 140 aufgelegt, doch einige wenige fanden auch ihren Weg in den P 1800 mit B20-Motor. Die niedrigste Leistungsstufe repräsentiert der sogenannte GT-Satz, der einem B20 zu 128 PS bei 6.000 U/min verhilft. Seine Hauptbestandteile sind ein spezieller Zylinderkopf (Verdich-

Um die Anschlüsse in den einzelnen Gängen zu optimieren, lassen sich die Übersetzungen ändern

Links: Vorlegewelle und Eingangswelle mit enger abgestuften Übersetzungen

Macht fast alles mit: Spezialkupplung

Für optimale Drehzahlen bot Volvo auch verschiedene Hinterachsübersetzungen, die allesamt kürzer waren als das Serienpendant

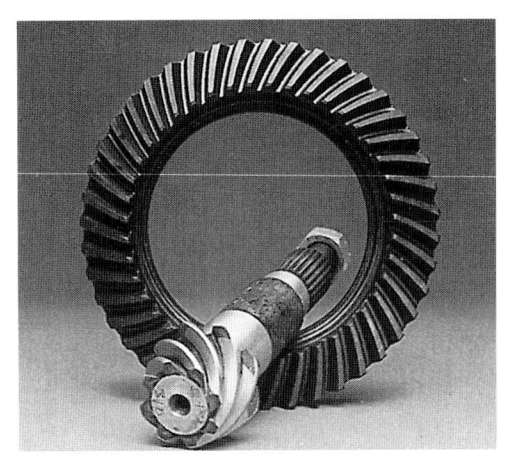

tung 10,5:1) mit größeren Ventilen, erweiterten Kanälen und Radialventilsitzen. Dazu gehören zudem ein spezieller Abgas- und Ansaugkrümmer mit einem stehenden Solex-Registervergaser. Mit dem Tuning Kit B20 Special I wird eine maximale Leistung von 140 bzw. 145 PS bei 6.000 U/min und ein maximales Drehmoment von 19,6 kpm bei 4.500 U/min erreicht. Unter der Teilenummer 552861-7 erhielt man einen Zylinderkopf mit erweiterten Kanälen, Radialventilsitzen, Ventilen der Größe 44/35 mm und überarbeiteten Brennräumen samt Ventilfedersitzen. Mit einer 1,2 mm starken Kopfdichtung wurde eine Verdichtung von 10,5:1

Damit kommt man überall optimal durch: teilgesperrtes Differential

erreicht. Weiterhin enthielt der Satz eine hartverchromte Nockenwelle, Wizemann-Ventilheber, zwei Solex-Doppelvergaser 45 ADDHE mit Ansaugtrichtern und Spezialluftfilter, einen abgestimmten »4 in 2 in 1«-Fächerkrümmer und eine mechanische Hochleistungsbenzinpumpe. Die Tuning Kits B20 Special II (mit 165 PS) und Special III (mit 2,0 Liter und 170 PS bzw. 2,2 Liter und 180 PS) waren nur für die Rennstrecke freigegeben. Um diesen Leistungen gerecht zu werden, waren spezielle Kupplungen notwendig: Volvo bot sie als Laplander (bis 170 PS) und RAC (bis über 180 PS) an.

Für die Einspritzmotoren wurde auch das verstärkte M 40-Getriebe entwickelt, das über eine standfestere Hauptwelle verfügt. Da es rund 20 mm länger als das alte M 40 ist, muß beim Wechsel die Gelenkwelle entsprechend gekürzt werden. Vorsicht also, wenn gebrauchte Getriebe eingebaut werden. Es muß immer die Länge verglichen werden – natürlich auch bei Overdrive-Getrieben, da auch diese in den Genuß der verstärkten Hauptwelle kamen! Fahrzeuge mit Laycock-de-Normanville-Overdrive sollten nur dann getunt werden, wenn sie über den moderneren Type J verfügen. Der alte Type D ist zu schwach für Leistungen, die jenseits von 110 PS liegen. Knackpunkt im wahrsten Sinne des Wortes ist der Verbindungsflansch zwischen Getriebe und Overdrive, der zum Reißen neigt. Noch ein Tip zum Kauf eines gebrauchten Overdrive. Bevorzugt werden J-Typen aus dem 140er-Einspritzer gesucht, weil es die robusteste Variante ist. 140er mit diesem Getriebe besaßen aber immer die dicke Gelenkwelle, d.h. der hintere Flansch besitzt einen größeren Durchmesser. Da andererseits aber P 1800 E und ES nicht automatisch auch über die dickere Gelenkwelle verfügen (US-Importe weisen oftmals die dünnere Gelenkwelle auf, wie sie in den Vergaserversionen saß), sollte man beim Kauf schon wissen, welchen Flansch man benötigt, weil heute allein der jeweils andere mit weit über 400 Mark zu Buche schlägt. Schnäppchen können sich so leicht zu Fehlkäufen entwickeln, vor allem dann, wenn man einen Typ erwischt, für den im Fall der Fälle keine Nadellager mehr aufzutreiben sind.

Für motorsportliche Einsätze bot Volvo die M 40-Getriebe auch mit geänderten und enger abgestuften Übersetzungen an (1. Gang: 2,62, 2. Gang: 1,67, 3. Gang: 1,24 und 4. Gang: 1:1). Ebenfalls für den Wettbewerbseinsatz wurden kürzere Hinterachsen mit Übersetzungen von 4,88 und 5,38 und ein Sperrdifferential angeboten.

Auf der Auspuffseite bieten sich kaum Möglichkeiten zur weiteren Leistungssteigerung, es sei denn man baut sich seine Anlage selbst. Fertige Kits werden nicht angeboten, die originale Anlage, vor allem die des Einspritzers in Verbindung mit einem Fächerkrümmer, ist schon optimal.

Bei einem getunten Motor liegen die erreichbaren Drehzahlen höher als bei einem Serienaggregat. Mithin werden auch Öltemperaturen erreicht, die im Grenzbereich (oder sogar darüber) liegen. Erfahrungsgemäß zeigt sich, daß der Einbau einer Öltemperaturanzeige immer die Installation eines Ölkühlers nach sich zieht. In der Regel wird ein Luft-Wärmetauscher zum Einsatz kommen, der in der Frontmaske untergebracht wird. Als Anschluß dient die Adapterplatte des 240 Turbo, die zwischen Ölfilter und Block eingebaut wird und deren großer Vorteil im integrierten Thermostat liegt, das bei 75 Grad zu öffnen beginnt. Der früher von Volvo angebotene Kühlflüssigkeits-Wärmetauscher, auch er zwischen Block und Ölfilter eingebaut und zwischen Blinddeckel vorn rechts am Zylinderkopf und Ablaßhahn links neben dem Ölfilter mit kühlendem Naß versorgt, war eigentlich nach einer gewissen Zeit immer mit Problemen behaftet: Öl im Kühlwasser oder umgekehrt. Dabei ist ein solcher Ölkühler von der Funktion her die bessere Alternative: Das Kühlwasser erreicht schneller als das Motoröl seine Betriebstemperatur, wodurch das Öl zunächst vorgewärmt wird; erst nachdem die Öltemperatur über der des Kühlwassers liegt, wird auf die Kühlflüssigkeitstemperatur herabgekühlt. Als Geheimtip dient deshalb heute der Öl-Kühlflüssigkeits-Wärmetauscher des Ford 2,8 Liter Einspritzmotors (verbaut in Capri III und Granada), der sehr robust ist und die gleichen Zollanschlußmaße wie Volvo besitzt. Man sollte sich jedoch vor Augen führen, daß damit der Kühler und die gesamte Thermik des Motors zusätzlich belastet werden, weil die zusätzliche Wärme in die Kühlfüssigkeit gepumpt wird. Ein alter, vielleicht schon teilweise zugesetzter Kühler, ist damit hoffnunglos überfordert. Ein Muß bei dieser Variante ist daher ein Hochleistungs- oder Tropenkühler.

Als weitere Verbesserung der Thermik dient der Ersatz des gelben Lüfterrads aus Blech durch einen thermostatisch gesteuerten Elektrolüfter (von Mercedes S-Klasse oder den grossen Citroën). Kraftstoffeinsparung, geringere Geräuschentwicklung und schnelleres Erreichen der Betriebstemperatur sind die Vorteile.

In einen leistungsgesteigerten P 1800 gehört aber auch ein verbessertes Fahrwerk. Zum Tieferlegen werden mehrere verschiedene Federn, kürzer und härter als die Serienfedern, angeboten. Sie machen jedoch nur in Verbindung mit entsprechenden Stoßdämpfern Sinn. Am häufigsten werden Konis zum Einsatz kommen, da sie über einen weiten Einstellbereich individuell angepaßt werden können. Den besten Kompromiß zwischen Sportlichkeit und Komfort bieten Serienfedern mit Koni-Dämpfern. Leider führt Volvo den verstärkten Querstabilisator des Amazon (Gleichteil zum P 1800) (Teilenummer 659866) seit 1981 nicht mehr im Programm. Die Suche danach lohnt jedoch immer, da das Handling in Kurven sich damit wesentlich verbessert. Als Alternative dazu kommen einzig die Stabikits von ipd in Frage, in deren

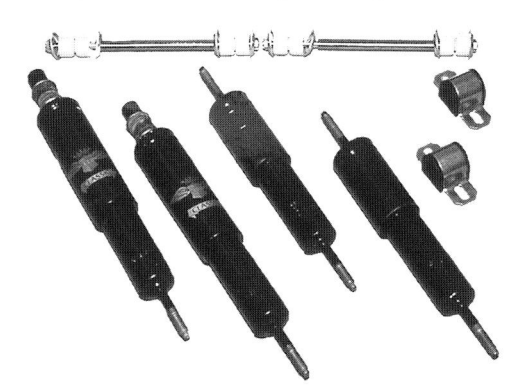

Klassiker:
Die ehemals roten Koni-Dämpfer werden heute in schwarz als Classic angeboten. Durch ihre stufenlose Verstellbarkeit lassen sie sich optimal anpassen. Die Lagerung des Querstabilisators der Vorderachse in Polyurethanbuchsen hilft dem Fahrverhalten ungemein auf die Sprünge

Fahrwerksoptimierung durch Spezialfedern

Die komplette Vergaseranlage und Saugbrücke mit den Solex 45 ADDHE-Vergasern

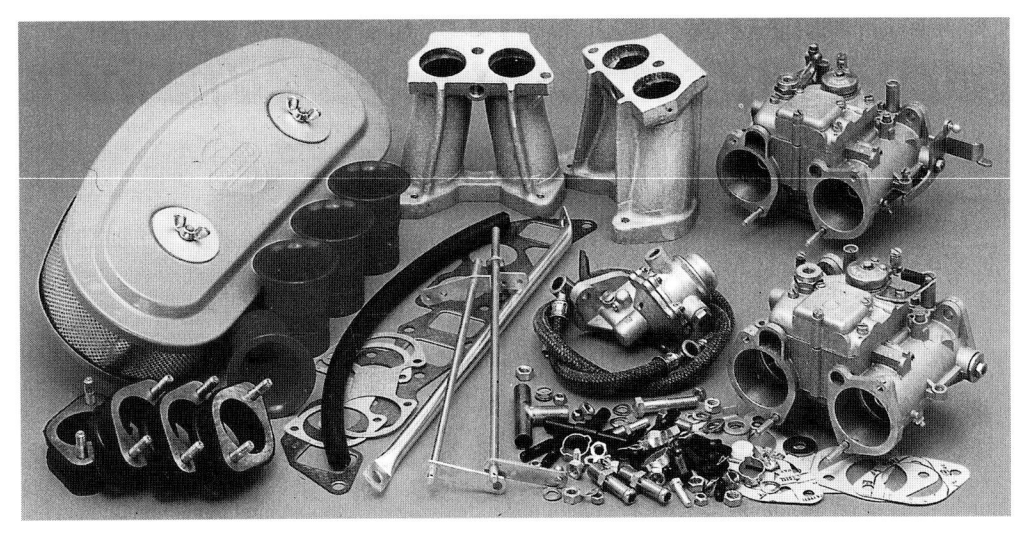

Leichtfüßig kommt dieser ES auf den sogenannten Turbo-Felgen daher

Programm sich auch ein zusätzlicher Querstabilisator für die Hinterachse befindet. Ebenfalls der Optimierung der Straßenlage dienen der Austausch der oberen Querlenkerbuchsen an der Vorderachse gegen solche aus Spezialkunststoff (nicht völlig unproblematisch, da die Welle dazu neigt von außen nach innen wegzurosten und der Sitz der Buchsen statt zylindrisch dann konisch wird) oder auf moderne Gummimetallelemente (bester Kompromiß aus Fahrkultur und Haltbarkeit) und der Ersatz aller Querstabilisatorgummis gegen solche aus Polyurethan.

Wichtig sind natürlich auch die Räder. Ab 1967 bot Volvo drei verschiedene 5,5J x 15-Zoll-Felgen an, die gegenüber den 4 bzw. 4,5 Zoll breiten Serienfelgen vor allem eine Verbreiterung der Spur bieten: Die Kronprinz- 6136 B (Spurverbreiterung 20 mm), die Lemmerz- 1538 (30 mm) und die identischen Kronprinz- 6134 B bzw. Volvo-Felge 613014 (40 mm). Alle diese Felgen sind heute nicht mehr lieferbar. Am gesuchtesten sind Kronprinzen 6134 B. Daneben besteht noch die Möglichkeit, Felgen von amerikanischen Ford-Modellen mit 15-Zoll zu verwenden, da diese einen identischen Lochkreis besitzen.

Anders sieht es bei E und ES aus. Da hier analog zur 140er Serie der Lochkreis von 4 1/2 auf 4 1/4 Zoll verkleinert wurde um eine größere Bremsanlage mit vier Scheiben zu montieren, erschließt sich die komplette Zubehörpalette der 140/200/700-Serien. Und hier ist die Auswahl riesig. Zeittypisch dürfen jedoch einzig die ATS-Fünf-Stern-Alufelgen der Größe 5,5J x 15 gelten, die jedoch, weil es sich nicht um geschmiedete sondern gegossene Felgen handelt, alterungsbedingt nicht ganz unproblematisch sind. Häufig anzutreffen sind die sogenannten Turbo-Felgen der 240er-Serie (6 x 15 Zoll), die als zeitlose Klassiker gelten können. Ansonsten zählt nur der persönliche Geschmack. Hier muß allerdings noch auf eine Felge eingegangen werden, weil es die seltenste ist, die 5 x 15 Zoll Cromodora des P 1800 E. Ungewöhnlich ist schon die Materialzusammenstellung Stahlfelgen mit Speichen aus Aluminium. Die Instandsetzung solcher Felgen ist heute äußerst schwierig und aufwendig, lohnt sich aber unter dem Gesichtspunkt der Originalität.

Die Hinterachsen des E sind wegen der Scheibenbremsanlage begehrte Tuningteile von Amazon-Fahrern, weil sie problemlos bei P120/130 vor allem bei Modellen mit Zweikreis-Bremsanlage passen. Leider führte das dazu, daß auf dem Gebrauchtteilemarkt genau diese Achsen inzwischen Mangelware geworden sind.

Als Einzelstück wurde in Schweden zu Beginn der achtziger Jahre ein P 1800 sogar mit einem B30-Sechszylinder ausgerüstet, der mit sechs Gleichdruckvergasern versehen war. Leider fuhr sich trotz Verlegung des Motors nach hinten dieser 1800er äußerst kopflastig, so daß das Fahrzeug schnell wieder in der Versenkung verschwand.

86 Volvo P 1800

Kaufberatung

Bezahlbare Klassiker

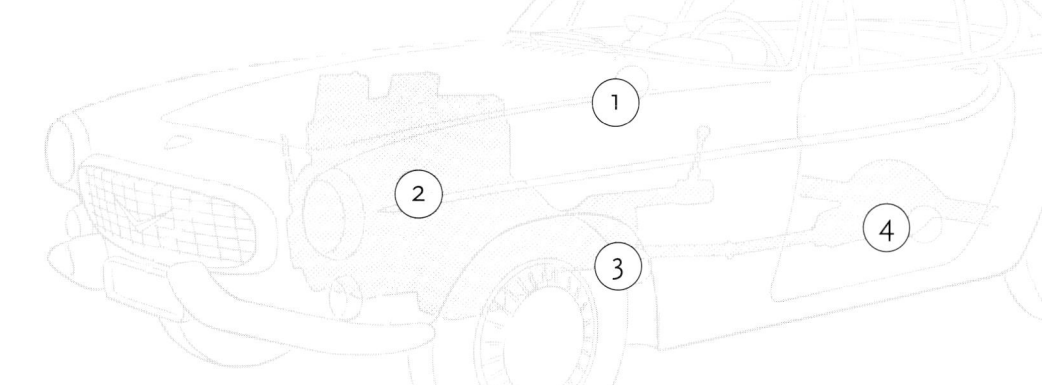

Hier finden sich bei den frühen P 1800 die Identifikationen für Chassis, Lackierung, Innenausstattung, Motor, Getriebe und Hinterachse – wichtige Merkmale der Originalität

① Fahrgestell

② Motor

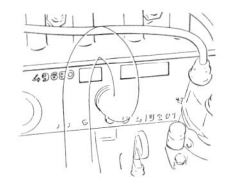

③ Getriebe

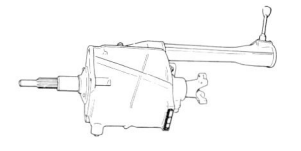

④ Hinterachse

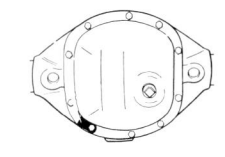

Such und Find: Volvo P 1800 und Schneewittchensarg – robuste Mechanik und zivile Preise sind ihre Stärken.

Volvos eilt der Ruf voraus, stabil, robust und dadurch langlebig zu sein. Die klassischen Limousinen Buckel und Amazon erreichen eine Lebensdauer, die weit jenseits des Klassendurchschnitts lag. Aber gilt dies auch für den Beau aus Göteborg? Das Ergebnis fällt eindeutig aus, denn schließlich diente der Amazon als Organspender. Bewährte Großserientechnik neu verpackt. Das Rezept ging auf, denn auch für den P 1800 gilt: Sportwagen aus Schweden genießen einen sehr guten Ruf wegen ihrer Langlebigkeit und ihres sehr guten Korrosionsschutzes. Beim P 1800 trifft dies auf alle Modelle bis auf die in England bei Jensen gefertigte erste Serie zu. Ihnen kann man vor dem Kauf gar nicht intensiv genug unters blecherne Kleid sehen. Besser ist es um die Qualität der Nachfolgemodelle S, E und ES bestellt, doch sollte man auch hier einen gründlichen Check vornehmen.

Beginnen Sie die Überprüfung der Karosserie an der Front. Da ist zunächst die Quertraverse unter dem Kühler abzuklopfen, denn oftmals ist sie morsch. Die an die Quertraverse anschließenden Längsträger sind bei beschädigter oder durchgerosteter Quertraverse oft an ihren vorderen Spitzen ebenfalls angegriffen, denn von oben durch die Schnauze eindringendes Spritz- und Regenwasser füllt Quertraverse und Längsträger. Da Sie zur Überprüfung von oben die Motorhaube öffnen müssen, sollten Sie sich bei dieser Gelegenheit gleich die Haubenscharniere genau ansehen, neigen diese doch bei ungenügender Pflege zum Festgehen, was sich zunächst in einer verzogenen Haube und in einem späteren Stadium in ausgerissenen Befestigungspunkten zeigt. Vom Motorraum aus läßt sich auch die Lenkgetriebebefestigung überprüfen, da sie genau in jenem gefährdeten Bereich der Längsträger liegt, der schon angesprochen wurde. Werfen Sie vor dem Schließen der Haube noch einen Blick auf den Batteriekasten, der in vielen Fällen von Säure, meist als Folge eines defekten Lichtmaschinenreglers, zerfressen ist.

Als nächstes ist der gesamte Bereich der vorderen Kotflügel Ihrer Aufmerksamkeit empfohlen, denn hierbei handelt es sich um die größte Schwachstelle der P 1800-Karosserie! Das beginnt bei den Kotflügelansätzen zirka zehn Zentimeter von der Motorhaubenaussparung nach außen, denn hier liegen die Kotflügel auf den Stehblechen nur lose auf, wobei der Spalt lediglich durch eine Gummidichtung geschlossen wird, und setzt sich über den Schweinwerfer- und Blinkerbereich sowie die Ansatzpunkte zum Schwellerübergang (deren Schweißsicke von vorn und hinten sichtbar ist) bis zu den Schottblechen, die im Spritzwasserbereich der Vorderräder nur eingeschraubt sind, fort.

Die Türen müssen sich nun den obligatorischen Test ihrer Böden auf Durchrostung ebenso gefallen lassen wie die Ansatzschweißnähte der Wasserleitbleche, die bei geöffneter Tür sichtbar sind. Sind die

Die komplette Frontpartie gehört nach rund 30 Jahren nicht unbedingt zu den Stärken eines P 1800

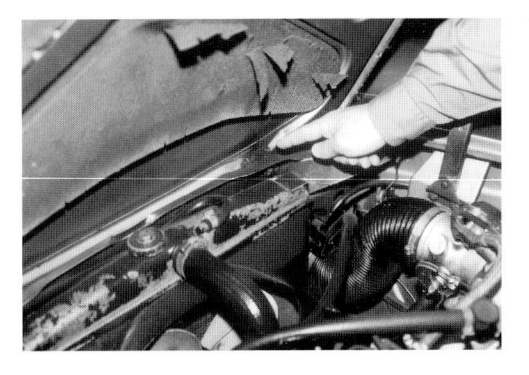

Die Kotflügelauflagen sollten auf jeden Fall inspiziert werden

Die Türböden sind fast immer vom Zahn der Zeit gezeichnet

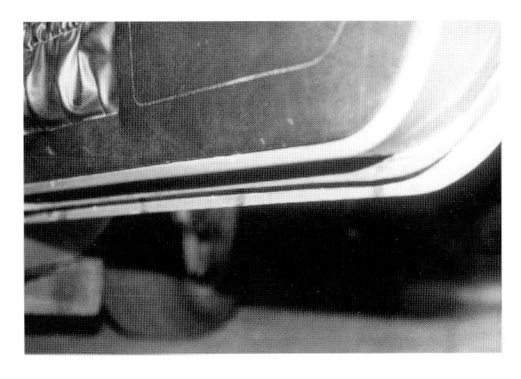

Die Schweller gehören bei jedem Auto mit selbsttragender Karosserie zu den Schwachpunkten

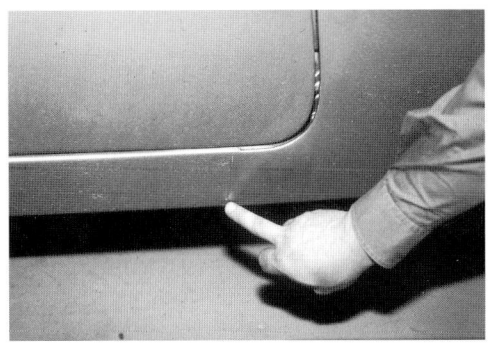

Der Innenraum zeichnet sich oftmals durch individuelle Veränderungen aus, so wie hier, das Sportlenkrad

Türgummis alt und spröde, muß man mit starken Windgeräuschen rechnen. Bei den S-Modellen sollte man auch einen Blick auf die Armlehnen werfen, da diese oft gebrochen sind.

Im Innenraum bedürfen die Instrumente Ihrer Aufmerksamkeit, vor allem dann, wenn sie von Smith stammen. Funktionieren alle, auch die Wasser- und Öltemperaturanzeige? Bei Lederausstattungen sollte besonders genau der Zustand der gegerbten Tierhäute geprüft werden, sind sie doch oft wegen unzureichender Pflege spröde und an den Nähten gerissen. Meist fehlen auch die speziellen Lederriemen der Gepäckbefestigung im Innenraum.

Das Bodenblech ist in der Regel unkritisch. Zu Durchrostungen kann es hier nur dann kommen, wenn durch eine undichte Frontscheibe oder ein undichtes Schiebedach Wasser eindringt – das dann bei E und ES auch gleich dem Steuercomputer der Einspritzanlage zusetzen kann. Viel kritischer sind die Querholme, vor allem jener unter der Handbremse, die alle auf morsche Stellen abgeklopft werden sollten.

Ihr Check der Schwachstellen des schnellen Schweden führt Sie nun zum hinteren Karosserieblech. Die Kotflügelkanten und die Radhäuser im Kofferraumbereich sowie das Unterteil des Heckabschlußblechs sind zu prüfen. Bei den Coupés ist zudem der untere Rand des Kofferraumdeckels und der Bereich um das Schloß gefährdet. Die Kombicoupés sind an letztgenannter Stelle in der Regel kaum gefährdet, besaßen sie hier doch bereits Wasserabläufe. Bei Ihnen machen sich jedoch durch die schwere gläserne Heckklappe meist ausgeschlagene Scheibenscharniere bemerkbar.

Wie bei allen Volvos gehört die Mechanik zu den Stärken der Coupés – sie ist weitgehend mit der Limousine Amazon identisch. Die Motoren glänzen, vor allem in Verbindung mit dem drehzahlsenkenden Laycock-Overdrive-Getriebe, durch hohe Lebenserwartung, die im Schnitt zwischen 200.000 und 300.000 km liegt. Trotz ihrer Robustheit sollte jeder Mechanikcheck beim Motor beginnen. Ab rund 100.000 km neigen die B18 und B20-Aggregate zu steigendem Ölverbrauch. Nach Volvo-Vorgaben liegt die Motorüberholgrenze bei einem Ölverbrauch von 1,5 Litern auf 1.000 Kilometer. Diese

Menge kommt jedoch in den seltensten Fällen allein durch verschlissene Bohrungen und Ventilführungen zustande, sondern zusätzlich über Undichtigkeiten. Kurbelwellenausgänge vorn und hinten, Ölwannendichtungen aus Kork, verzogener Ventildeckel sowie Kraftstoffpumpenanschluß bei den Vergasermodellen (gebrochener Isolationsflansch aus Bakelit) sind deshalb zu überprüfen. Die P 1800-Modelle besaßen zudem einen zwischen Motorblock und Ölfilter montierten Wärmetauscherölkühler, der nach einigen Jahren in den seltensten Fällen noch hundertprozentig arbeitete: Öl im Wasser oder umgekehrt waren die erste Folge, die zweite der Ausbau, weshalb man kaum noch einen P 1800 mit diesem Originalteil findet. Bei hohen Laufleistungen steigt zudem durch verschlissene (bei B18-Motoren oft auch gebrochene) Kolbenringe und Zylinderwände der Druck im Kurbelgehäuse, wodurch zusätzlich Öl aus dem Motorblock gedrückt wird. Ölundichtigkeiten ziehen in der Regel Folgeschäden nach sich. Die Motorhalterungen beginnen aufzuweichen, durch einen undichten Steuergehäusedichtring speziell die linke. Die Kippneigung des Motors beim Gasgeben steigt, gerissene Auspuffkrümmer, Flammrohre und Anschlußstutzen am Kühler sind die Folge.

Klappergeräusche der Stirnräder, Poltern aus dem Kurbeltrieb durch ausgeschlagene Kolbenbolzen und zunehmendes Spiel der Kurbelwellenführungslager treten ab etwa 150.000 km auf. Nach dem Übergang von geschmiedeten zu gegossenen Nockenwellen beim B20-Motor bekam auch Volvo Nockenwellenprobleme. Abgelaufene Nocken, speziell am zweiten und vierten Zylinder, führen zu Leistungsverlust. Der kann zusammen mit unrundem oder zu hohem Leerlauf auch von den Vergasern (P 1800 und P 1800 S) herrühren, sind die Aggregate doch in der Regel mit zwei S.U. HS6 bestückt, bei einigen P 1800 S mit B20-Motor sind zwei Zenith-Stromberg 175 CD2SE zu finden. Prüfen sie auf jeden Fall das Spiel der Drosselklappenwellen, denn diese neigen zum Ausschlagen. Achten Sie auch auf die Auspuffanlage, denn der vordere Auspufftopf scheppert sehr oft, was meistens an der fehlenden Befestigung an der Getriebetraverse liegt, und wird bei den B20-Einspritzmotoren mit drei Schalldämpfern (die Vergaserausführungen besitzen nur deren zwei) gern weggelassen.

Auch die Bremsanlage sollte überprüft werden. Drei Bremsanlagen wurden eingesetzt: Alle Modelle mit Vergasermotor besaßen eine Einkreisbremsanlage mit Girling Bremskraftverstärker und Regelventil für die Hinterachse. Die frühen Modelle besaßen noch einen Unterdruckvorratsbehälter im linken Radhaus. Als Übergangslösung gab es für die P-Modelle (August 1967 bis Juli 1968) für den amerikanischen, kanadischen und teilweise auch für den EU-Markt eine Pseudozweikreisanlage mit Tandemhauptbremszylinder, bei der der eine Kreis auf die Vorderräder und der andere auf die Hinterräder wirkt. Der Bremskraftverstärker sitzt hier im Kreis der Vorderachse. Zusätzlich ist ein Druckdifferenzventil verbaut, das den Ausfall eines Kreises über eine Warnlampe signalisiert.

Ach so, hier verbergen sich also die Wasserleitbleche!

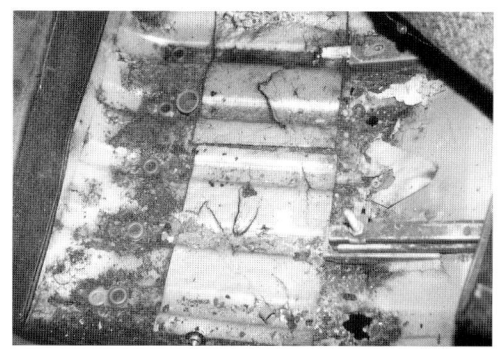

Fachmännisch geschweißtes Bodenblech

Schwachpunkt am Heck: die Lampengehäuse

Der Öl-Wasser-Wärmetauscher. Spitzname: Tretmine. Eigenschaft: Wird gern undicht

Die Stirn- oder auch Steuerräder. Ihre Erneuerung sollte man dem Fachmann überlassen

Gesucht, da es weder Neuteile noch Reparatursätze noch Austauschteile gibt: Das Bremskraftregelventil zur Hinterachse

(Fast) alle Bremsteile sind noch lieferbar – neu oder gebraucht

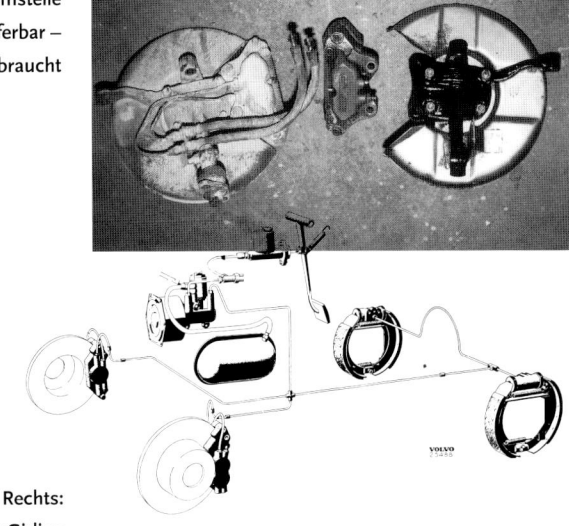

Rechts:
Problemfall: Der Girling Bremskraftverstärker in der Einkreis- und Pseudozweikreisanlage. Wenn die Bremsflüssigkeit plötzlich verschwindet, ohne daß ein Leck zu finden ist: er hat sie geschluckt

Bei diesen beiden Bremssystemen neigen an den vorderen Bremszangen (mit drei Kolben) die Staubmanschetten zum Einreißen, wodurch eindringende Feuchtigkeit, Staub und Schmutz zum Festgehen der Kolben führen – mit schiefziehender Bremse als Ergebnis. An der Hinterachse mit Trommelbremsen heißt der Hauptschwachpunkt Nachstellexzenter für die Bremsbacken, denn dieser ist aus ungeschütztem Stahl und bewegt sich in einem Aluminiumgehäuse: Wird das Ding ungeschützt eingebaut, reicht schon ein Tropfen Wasser, damit nichts mehr geht. Man sollte sich bei den Einkreisanlagen zur Regel machen, daß unabhängig von den Fahrleistungen aus Sicherheitsgründen einmal pro Jahr die hinteren Trommeln zur Überprüfung der Radbremszylinder abgenommen werden. So verhindert man schon im Vorfeld, daß nässende Radbremszylinder plötzlich undicht werden und der berüchtigte Tritt ins Leere folgt.

Ebenso ein Pflege- und Wartungsproblem sind die Steckachsen. Werden die auf einem Konus auf den Steckachsen sitzenden Trommeln ungeschützt montiert, neigen die Trommeln zum Fressen auf den Achsen. Eine Demontage wird wenn nicht unmöglich so doch schwierig. Noch schwieriger wird es, wenn kein originaler Abzieher zur Verfügung steht oder dieser falsch eingesetzt wird. Sehr schnell wird dann das Gewinde, auf dem die große Kronenmutter die Trommeln auf der Steckachse hält, aufgedrückt (es geht auseinander wie ein Pilz) und anschließend läßt sich die Mutter nicht mehr aufdrehen. Ein Fall für lebensmüde Dilletanten ist das Vergessen des Sicherungssplintes, mit dem die Kronenmutter auf der Steckachse gegen Verdrehen (Lösen) gesichert wird.

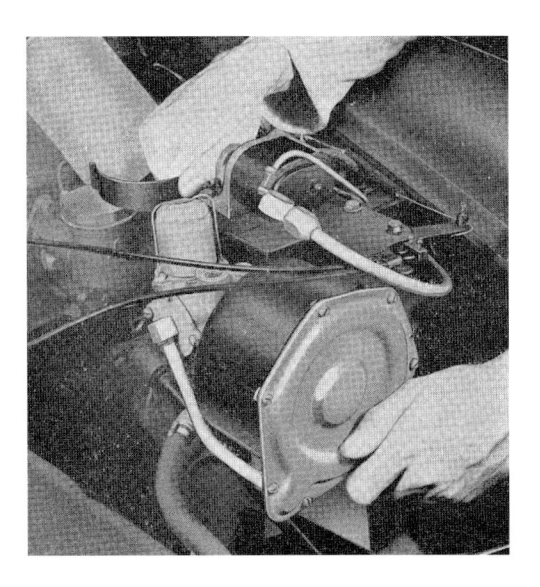

Ein weiteres Problem der Einkreisanlage ist der Girling-Bremskraftverstärker, der zu inneren Undichtigkeiten neigt, wodurch Bremsflüssigkeit oft auf »rätselhafte« Weise verschwindet – und zwar solange, bis die Druckdose des Geräts randvoll ist! Der Bremskraftverstärker ist als Neuteil nicht mehr verfügbar, lediglich ein Reparatursatz ist lieferbar. In vielen Fällen sind aber die Bohrungen im Servoteil riefig, eine Überholung mit dem Reparatursatz bringt dann nur kurzfristige Hilfe. Es wird dann ein Alternativaggregat notwendig (z.B. von Lockheed), das jedoch nicht in den originalen Halter paßt. Bei von Bastlern selbstgestrickten Halterungen sollte auf jeden Fall Stabilität und Optik stimmen.

Ab P 1800 E wurde Volvos eigene Entwicklung einer aufwendigen Sicherheitsbremsanlage verbaut, bei der jeder Kreis auf beide Vorderräder und ein Hinterrad wirkt, wodurch in jedem Kreis rund 70 Prozent der Bremsleistung zur Verfügung stehen. Diese Bremsanlage besitzt rundum Scheibenbremsen. Da die Hinterachsaufhängung mit der des Amazon identisch ist, sind diese Hinterachsen wegen der Scheibenbremsanlage natürlich bei Amazon-Enthusiasten gesucht, weshalb der Bestand sich nach und nach ausdünnt. Die Zweikreisanlage ist robust und bereitet nur bei unsachgemäßer Behandlung Probleme. Bei Defekten, beispielsweise am Bremskraftverstärker, muß man jedoch wesentlich umfangreicher den Ersatzteilfond plündern.

Die nur ein Jahr lang für den amerikanischen Markt gelieferte Pseudo-Zweikreisanlage spielt auf dem europäischen Markt nur eine untergeordnete Rolle. Bei Defekten (z.B. des Hauptbremszylinders) wird in den meisten Fällen auf Teile der Einkreisanlage zurückgerüstet.

Die Kupplung wird bei den Modellen mit Einkreisbremsanlage hydraulisch betätigt. Undichtigkeiten an Geber- und Nehmerzylinder sind deshalb nach einer gewissen Zeit als natürlicher Verschleiß immer zu erwarten.

Die reinen Vierganggetriebe der frühen P 1800 sind kaum kleinzubekommen. Einzige Ausnahme: Ölmangel. Das damit verbundene Laycock de Normanville-Overdrive (bis 1968 kam der Type D, danach der Type J zum Einsatz) bereitet da schon eher Probleme. Verschleiß macht sich meist durch verspätetes Schalten bei warmem oder heißem Motor bemerkbar (es kann auch an Ölmangel liegen). Viel häufiger sind aber Undichtigkeiten, die zu Folgeschäden, wie aufgequollenem oder gerissenem Getriebeaufhängungsgummi, führen.

Undichtigkeiten sind neben Schaltverzögerungen und Nichtdurchschalten der Fahrstufen auch der häufigste Schaden am Automatikgetriebe von Borg Warner. Zur Überprüfung des BW 35 gibt man im Stand bei eingelegter D-Fahrstufe für maximal 15 Sekunden Vollgas: Die Drehzahl darf nicht über 2.500 U/min liegen, da sonst ein Wandlerdefekt vorliegt.

An Vorderachse und Lenkung sollten alle Buchsen und Gelenke überprüft werden. Bei der bis Herbst 1967 verbauten Lenksäule hilft ein kritischer Blick auf die Hardyscheibe, um der Ursache übermäßigen Lenkspiels auf die Spur zu kommen. Besonders ES-Modelle neigen zu lahmen Hinterachsfedern, wodurch das Heck meist tiefer als die Schnauze hängt.

Ein besonderer Schwachpunkt – speziell aus heutiger Sicht – ist die bei den E-und ES-Modellen mit B20E-Motor (120 bzw. 124 PS) zum Einsatz gelangte Einspritzanlage. Die von Bosch entwickelte D-Jetronic arbeitete in der Großserie nie hundertprozentig zuverlässig – VW konnte mit seinem 1600E ein Lied davon singen. Durch die natürliche Auslese sind die totalen Versager beim P 1800 inzwischen verschwunden, und die verbliebenen arbeiten meist problemlos, doch wenn ein Fehler auftaucht, muß der Besitzer in der Regel tief ins Portemonnaie greifen. Zum einen: Bosch gab die D-Jetronic zugunsten der K-Jetronic nach relativ kurzer Bauzeit wieder auf, was dazu führt, daß es heute sowohl bei Volvo als auch bei Bosch nur noch sehr wenige Spezialisten gibt, die sich wirklich mit dieser Einspritzanlage auskennen. Zum anderen sind alle Teile sehr teuer – und wenn man, sei es nur zum Testen und Aufspüren eines Fehlers, Bauteile benötigt, kann schnell eine komplette Erneuerung der Anlage daraus werden. Steuergerät, Druckfühler, Drosselklappenschalter und vier Einspritzdüsen liegen beim reinen Materialpreis mittlerweile bei fast 5.000 Mark!

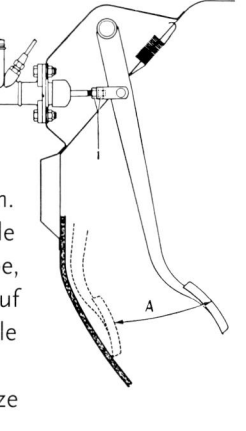

Trennt die Kupplung nicht mehr richtig, muß dies nicht unbedingt an der Kupplung liegen!

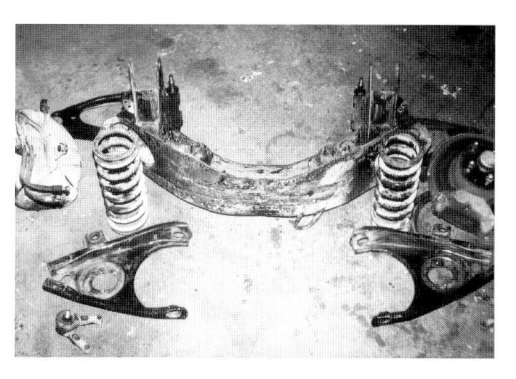

Die Komplettüberholung der Vorderachse ist eine zeitaufwendige Sache, vor allem wenn Schäden zum Vorschein kommen, mit denen man nicht gerechnet hatte!

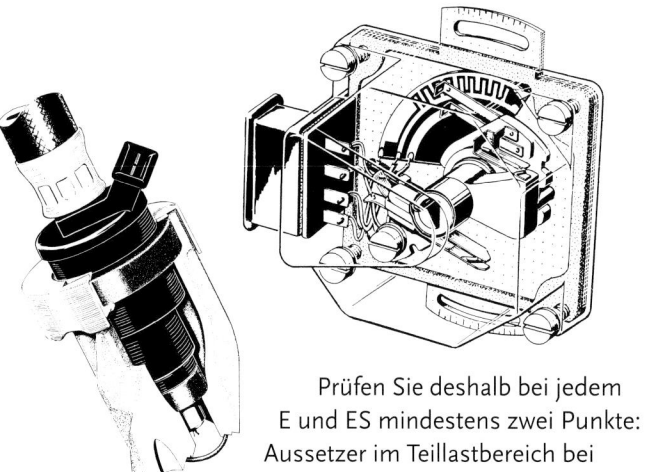

Bei den Einspritzmotoren gehört der Drosselklappenschalter (oben) zu den Schwachpunkten, während die Einspritzventile (darunter) eher vom Zahn der Zeit gezeichnet sind

Prüfen Sie deshalb bei jedem E und ES mindestens zwei Punkte: Aussetzer im Teillastbereich bei konstanter Drehzahl (zirka 3.000 U/min) weisen auf verschlissene Kontaktbahnen des Drosselklappenschalters hin. Nach längerer Standzeit müssen vor jedem Start immer die kurzen Schläuche der Einspritzventile auf Porösität geprüft werden – Brandgefahr!

Der Rest der Elektrik, sie stammt fast ausschließlich von Bosch, unterliegt normaler Alterung. Blinde Scheinwerferreflektoren oder verblassende Rücklichter müssen unter natürlichem Verschleiß abgehakt werden. Während die Frontscheinwerfer unproblematisch sind, können letztere nur mit etwas Geduld durch Neuteile ersetzt werden. Gesucht sind originale Rundinstrumente und vor allem die als Sonderzubehör lieferbare Uhr der Vergasermodelle. Für funktionstüchtige Zeitmesser werden wirkliche Liebhabersummen auf den Tisch geblättert.

Am gesuchtesten unter P 1800-Fans sind die frühen Jensen-Modelle. Schlechte Exemplare werden ab 5.000 Mark, gute um 15.000 und Spitzenmodelle bis 25.000 Mark gehandelt. Am häufigsten findet man im Angebot P 1800 S und E, bei denen schlechte Fahrzeuge bei etwa 5.000 bis 6.000 Mark beginnen, die Mehrzahl im Bereich zwischen 12.000 und 18.000 liegt und sehr gute Schwedensportler ebenfalls bis 25.000 Mark gehandelt werden. Von Zeit zu Zeit tauchen auch völlig unverbastelte Fahrzeuge im Originalzustand auf, die meist wesentlich höher gehandelt werden, vor allem wenn sie geringe Laufleistungen auf der Plusseite verbuchen können.

Eine Sonderstellung nimmt der ES ein, bei dem die Preisskala bei etwa 7.000 Mark für schlechte Exemplare beginnt, die Mehrzahl im Bereich zwischen 15.000 und 22.000 Mark liegt und Spitzenexemplare bis 30.000 Mark erzielen. Vor allem seitdem es für den Einspritzmotor eine nachrüstbare geregelte Katalysatoranlage gibt, haben sich nach einem Zwischentief hier die Preise wieder kräftig erholt.

Hüten sollte man sich vor dem Kauf von nicht kompletten Fahrzeugen zum Sonderpreis, da die Ersparnis beim Kauf von der Komplettierung mehr als aufgefressen wird. Die Preise wurden eine Zeitlang durch intensiven Import aus den USA gedrückt, doch sehr schnell sprachen sich die Nachteile der Fahrzeuge herum: In der Regel konnten Sie nur durch eine rostfreie Karosserie überzeugen, die jedoch, wenn sie nicht in kürzester Zeit durch den Importeur hohlraumkonserviert wurde, schnell zu rosten begann.

Von der sonstigen Substanz sind die US-Modelle meist viel schlechter als original im deutschsprachigen Raum zugelassene 1800er. Ein P 1800 war hier eben schon immer ein gepflegtes Liebhaberfahrzeug. Die sich in den letzten Jahren stetig verschärfende Ersatzteilsituation führte zu einem ständigen Preisanstieg, obwohl nur sehr wenige Teile wirklich nicht mehr erhältlich sind, weil mittlerweile sehr Vieles nachgefertigt wird.

Zu den seltenen Teilen zählen Rücklichtgehäuse und -gläser, die Dichtungen der großen hinteren Seitenscheiben des ES genauso wie alle Achsteile für die Scheibenbrems-Hinterachse von E und ES sowie die Kuhhorn-Stoßstangen vom P 1800. Zierleisten und -teile, besonders die massiven, geschwungenen Zierleisten der vorderen Kotflügel von P 1800 und P 1800 S sind ebenso Mangelware, doch beginnen auch hier bereits Reproduktionen die Teilelager wieder aufzufüllen. Da die Mechanik der Vergasermodelle bis auf Hinterachse und Einspritzanlage von E und ES weitgehend mit der des Amazon identisch ist, gibt es hier keinerlei Ersatzteilprobleme. Verglichen mit der Konkurrenz wie etwa dem Porsche 356, sind die Preise des skandinavischen Coupés durchaus auf einem erfreulichen Niveau geblieben. Verglichen mit anderer Konkurrenz ist der P 1800 fast unschlagbar, da kaum ein anderer Sportwagen eine solch hohe Lieferfähigkeit der Ersatzteile besitzt – und dies auch Jahrzehnte nach der Produktionseinstellung!

Grenzenlos

Volvo in Deutschland, in Österreich und in der Schweiz

Volvo heißt »ich rolle«. Um aber zu rollen, mußte man zunächst einmal das gewünschte Traumauto kaufen können. Kein Problem? Heute sicher nicht, denn die Welt ist zumindest in dieser Beziehung enger zusammengerückt. Egal, ob Schokoriegel oder Joggingschuhe: Unsere Marke finden wir rund um den Erdball in den entsprechenden Läden. Natürlich auch unsere Autos: Volvos sind längst auf allen Straßen dieser Welt zu Hause.

Vor dreißig, vierzig Jahren lagen die Dinge anders. Was zuallererst politische Gründe hatte. Unser Globus war buchstäblich »begrenzter«, selbst die Grenzen eines westeuropäischen Landes waren durch Zölle und Einfuhrbeschränkungen mit Hürden versehen. Für jugendliche Autofans verlieh genau das dem England- oder Italienurlaub in den späten fünfziger, frühen sechziger Jahren zusätzlichen Reiz: Wann bekam man bei uns schon mal einen Standard Vanguard zu sehen oder einen Lancia (obwohl zumindest Italien und Deutschland in der EWG, der heutigen EU, waren)? So gut wie nie. Gleiches galt für Volvo. Ein autoverrückter Knirps dürfte den ersten 444 seines Lebens deshalb in Schweden zu sehen bekommen haben, vielleicht noch in einem anderen skandinavischen Land (wie Dänemark). Oder etwa in der Schweiz, also einem neutralen, importorientierten Markt ohne eigene Autoproduktion. Als jedenfalls der Rennfahrer und Autotester Paul Frère seinen (sehr positiven) Fahrbericht über einen Buckel-Volvo in *Auto, Motor und Sport* 3/1958 veröffentlichte, hieß es: »Der genaue Verkaufspreis in DM konnte uns vom Hersteller (...) nicht angegeben werden«. Einen Importeur gab es demnach keinen.

Falsch! Bereits am 28. Januar 1958 war die Volvo GmbH gegründet und im Februar mit einem Stammkapital von 200.000 DM ins Handelsregister eingetragen worden; eine

Im Herzen von Frankfurt: der »Showroom« in der Mainzer Landstraße

»In der Pkw-Werkstatt werden alle Fahrzeuge nach einem genau festgelegten Plan der Volvo-Werke den Auslieferungs-Inspektionen unterzogen«, hieß es dazu in einer Broschüre

Tatsache, der auch *Auto, Motor und Sport* in Heft 8 vom 12. April 1958 Rechnung trug. Unter der Überschrift »Importeure ausländischer Personenwagen« wurde unter der Rubrik Volvo die Volvo GmbH, Frankfurt am Main, Bockenheimer Landstraße 83, aufgeführt. Das war eine gute Nachricht für alle Autoliebhaber, die ein sicheres, grundsolides

Volvo P 1800

Der Sitz von Häusermann-Automobile AG in Zürich, Bernerstrasse. Am 17. Oktober 1959 wurden Büro und Verkaufsgebäude eröffnet

Wolfgang Denzel, österreichischer Sportfahrer und Autobauer aus Passion, importierte neben so berühmten Marken wie BMW, Ferrari und Lancia auch Volvo

und dabei auch noch leistungsfähiges Automobil suchten. Wer bisher also mit einer Isabella TS unterwegs war und nun mit einem sportlich-schicken Volvo 122 S liebäugelte, konnte bedient werden. Ebenso alle Angehörigen der US-Streitkräfte, die ihren Volvo aus den Staaten, dem Hauptexportmarkt, mitgebracht hatten. Allerdings residierte die deutsche Volvo-Zentrale bereits im Dezember 1958 unter neuer Adresse. Frankfurt am Main, Mainzer Landstraße 49, lautete nun die Anschrift.

Mit Volvo ging es mittlerweile exportmäßig mordsmäßig bergauf, auch auf dem deutschen Markt. Wobei der Amazon – vom Hersteller selbst als »the car, that put Volvo on the map« bezeichnet – eine wichtige Rolle spielte. Um den kommenden Herausforderungen gerecht zu werden, erhöhte die deutsche Volvo-Zentrale im Jahr 1960 das Gesellschaftskapital auf eine Million Mark und machte sich im übrigen auf die Suche nach einem neuen Domizil: »Die Gegend (um die Bockenheimer Landstraße, d. Verf.) war nicht mehr so gut wie ihr Ruf. (...) Aber es war dort ein ohnehin nur vorübergehender Firmensitz vorgesehen«, hieß es dazu in der Festschrift zu 25 Jahre Volvo Deutschland. Die Suche hatte Erfolg: Im Mai 1961 – wenig später dürften die ersten P 1800 zum Preis von 17.500 DM in den Schaufenstern aufgetaucht sein – verlegte man den Firmensitz in die Frankenallee 98–102, während die Verkaufsniederlassung in der Mainzer Landstraße blieb.

Nicht für allzu lange, denn Volvos waren richtig ins Rollen gekommen. Wieder wurde der Immobilienmarkt nach einem angemessenen Gelände unter die Lupe genommen. Und wieder wurde man fündig. Diesmal im hessischen Dietzenbach, Ortsteil Steinbach, wo die Volvo GmbH ein über 40.000 Quadratmeter großes Gelände erwarb, um dort im Juli 1964 Richtfest zu feiern und am 19. Mai 1965 die neue deutsche Volvo-Zentrale feierlich einzuweihen. Ihre Adresse: Assar-Gabrielsson-Straße – wie sonst? Während der Produktionszeit des Volvo 1800 sollte sich daran nichts ändern.

Heute übrigens beschäftigt die Volvo Deutschland GmbH in Köln und Dietzenbach 188 Mitarbeiter und machte 1997 einen Umsatz von 1,7 Milliarden Mark.

Auch in der Schweiz und in Österreich wurde der extravagante Tourensportwagen von Volvo verkauft. In der Schweiz kümmerte sich anfänglich die Firma Karl Forster aus Zürich als Generalimporteur um die Marke Volvo, allerdings übernahm Fritz Häusermann, ebenfalls Zürich, schon 1954 diese Aufgabe. Auch Häusermann konnte stattliche Steigerungsraten verzeichnen: Wurden 1959 gerade mal 450 Personenwagen der Marke Volvo in der Schweiz an den Mann gebracht, so waren es nur sieben Jahre später, 1966, 4.100 Stück. 1971 kletterte diese Zahl sogar auf 9.483 Autos!

In Österreich kümmerte sich in den fünfziger Jahren die Firma R. Trebitsch, Wien, als Generalvertreter um die Marke Volvo. Seit 1961 führte der Rennfahrer und Autobauer Wolfgang Denzel – allen Sportwagenfans ein Begriff – neben solch renommierten Marken wie BMW, Ferrari und Lancia auch die Schwedenmobile im Programm und konnte immerhin noch 1961 die Zulassung von 14 Volvo P 1800 verbuchen.

Prospekte
Der Star auf Hochglanzpapier

	(Prototyp)	(Prototyp)	(Prototyp)			**P 1800**
02/1960	09/1960	10/1960	03/1961	03/1961	06/1961	Veröffentlichung
deutsch	deutsch	deutsch	deutsch	deutsch	deutsch	Sprache
UR 6868	UR 6868/2	UR 6868/3	RK 120	RK 128/2	RK 120/2	Code
11.500	5.000	5.000	7.000	10.000	5.000	Auflage
Volvo	Volvo	Volvo	Volvo	Volvo	Volvo	Titel
P 1800	P 1800	P 1800	P 1800	P 1800	P 1800	
A4 quer	A4 quer	A4 quer	A4 quer	A4 quer	A4 quer	Format (cm)
2	2	2	8	2	8	Seiten

							P 1800
08/1961	08/1961	10/1961	02/1962	05/1962	10/1962	01/1963	Veröffentlichung
deutsch	deutsch	deutsch	deutsch	deutsch	deutsch	deutsch	Sprache
RK 120/3	RK 128/4	RK 128/5	RK 120/5	RK 682	RK 120/6	RK 120/7	Code
6.000	20.000	10.000	5.000	5.000	3.000	5.000	Auflage
Volvo	Volvo	Volvo	Volvo	Volvo	Volvo	Volvo	Titel
P 1800	P 1800	P 1800	P 1800	P 1800	P 1800	P 1800	
A4 quer	A4 quer	A4 quer	A4 quer	A4 quer	A4 quer	A4 quer	Format (cm)
8	2	2	12	2	8	8	Seiten

						P 1800 S
05/1963	05/1963	09/1963	09/1963	01/1964	02/1964	Veröffentlichung
deutsch	deutsch	deutsch	deutsch	deutsch	deutsch	Sprache
RK 1008	RK 1049	RK 1135	RK 1165	RK 1159/4	RK 1137/3	Code
8.000	8.000	10.000	10.000	10.000	5.000	Auflage
Volvo	Volvo	Volvo	Volvo	Volvo	Volvo	Titel
P 1800 S	P 1800 S	P 1800 S	1800 S	1800 S	1800 S	
A4 quer	A4 quer	A4 quer	20 x 20 cm	20 x 20 cm	A4 quer	Format (cm)
4	2	12	4	4	12	Seiten

							P 1800 S
08/1964	09/1964	09/1964	09/1964	01/1965	08/1965	08/1965	Veröffentlichung
deutsch	deutsch	deutsch	deutsch	deutsch	deutsch	deutsch	Sprache
RK 1165/4	RK 1526	RK 1528	RK 5042a	RK 1526/2	RK 1746	RK 1755	Code
10.000	15.000	15.000	15.000	10.000	15.000	15.000	Auflage
Volvo	Volvo	Volvo	Volvo	Volvo	Volvo	Volvo	Titel
1800 S	1800 S	1800 S	1800 S	1800 S	1800 S	1800 S	
20 x 20 cm	20 x 20 cm	20 x 20 cm	A4 quer	20 x 20 cm	A4 quer	20 x 20 cm	Format (cm)
4	4	4	12	4	12	4	Seiten

P 1800 S

Veröffentlichung	08/1966	10/1965	10/1965	08/1966	08/1966	10/1966	01/1967
Sprache	deutsch	deutsch	deutsch	deutsch	deutsch	deutsch	deutsch
Code	RK 2280	RK 1748/2	RK 1755/2	RK 2272	RK 2280	RK 2280/2	RK 2272/2
Auflage	15.000	10.000	10.000	15.000	15.000	10.000	10.000
Titel	Volvo 1800 S	Volvo 1800 S	Volvo 1800 S	Volvo 1800 S	Volvo 1800 S	Volvo 1800 S	Volvo 1800 S
Format (cm)	A4 hoch	A4 quer	20 x 20 cm	A4 quer	21 x 15 cm	A4 hoch	A4 hoch
Seiten	4	12	4	12	8	4	12

P 1800 S

Veröffentlichung	04/1967	08/1967	09/1967	08/1968	01/1969
Sprache	deutsch	deutsch	deutsch	deutsch	deutsch
Code	RK 2280/3	RK 2960	RK 2742	RK 3400	RK 3400/2
Auflage	10.000	15.000	15.000	10.000	30.000
Titel	Volvo 1800 S	Volvo 1800 S	Volvo 1800 S	Volvo 1800 S	Volvo 1800 S
Format (cm)	21 x 15 cm	A4 hoch	A4 hoch	A4 hoch	A4 hoch
Seiten	8	2	12	12	12

P 1800 E

Veröffentlichung	08/1969	08/1970
Sprache	deutsch	deutsch
Code	RK 3967	RSP 50089
Auflage	65.000	k.A.
Titel	Volvo 1800 E	Volvo 1800 E
Format (cm)	A4 hoch	A4 hoch
Seiten	12	16

P 1800 ES

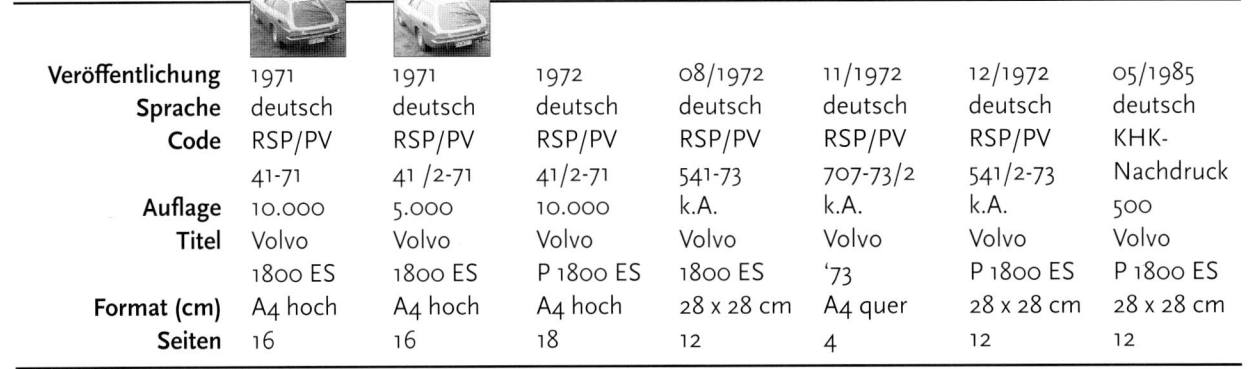

Veröffentlichung	1971	1971	1972	08/1972	11/1972	12/1972	05/1985
Sprache	deutsch	deutsch	deutsch	deutsch	deutsch	deutsch	deutsch
Code	RSP/PV 41-71	RSP/PV 41 /2-71	RSP/PV 41/2-71	RSP/PV 541-73	RSP/PV 707-73/2	RSP/PV 541/2-73	KHK-Nachdruck
Auflage	10.000	5.000	10.000	k.A.	k.A.	k.A.	500
Titel	Volvo 1800 ES	Volvo 1800 ES	Volvo P 1800 ES	Volvo 1800 ES	Volvo '73	Volvo P 1800 ES	Volvo P 1800 ES
Format (cm)	A4 hoch	A4 hoch	A4 hoch	28 x 28 cm	A4 quer	28 x 28 cm	28 x 28 cm
Seiten	16	16	18	12	4	12	12

Modelle
Der Volvo P 1800 en miniature

Der schönste von allen? Von der japanischen Firma SSS, dem Label von Bandai, stammt dieses rund 30 Zentimeter lange Blechmodell (Maßstab 1:15), das mit einer Fülle liebevoller Details aufwartete und in den Farben rot, creme, weiß, hellgelb und metallicblau zu haben war

Es gab zwei Ausführungen: mit festmontierten – und mit demontierbaren Rädern...

Alles Blech? Von wegen: Der schicke Schwede war, kaum verwunderlich, auch als Miniatur, als Modell sehr beliebt. Und das ist er bis auf den heutigen Tag. Allerdings findet man ihn mittlerweile kaum mehr im Kinderzimmer, sondern in der Vitrine des Sammlers. Denn die kleinen Schmuckstücke – vor allem die zeitgenössischen – kosten (fast) ausnahmslos eine Menge Geld. Spitzenreiter sind hier natürlich die tollen Blechmodelle japanischer Herkunft, die allesamt aus den sechziger und frühen siebziger Jahren stammen. Aber wie gesagt: Es ist nicht alles Blech, was glänzt. Und so findet man 1800er-Modelle aus Spritzguß, Kunststoff, Porzellan, Messing, Holz... Sogar versilbert oder vergoldet gibt es sie – als Schlüsselanhänger! Das gesuchteste Liebhaberstück unter den Miniaturen aber ist das wunderhübsche, rund 125 cm lange Tretauto aus Kunststoff. Leider ist es superselten – und Erwachsene P-1800-Fans passen nicht rein!

Zu dieser Version gehörte ein Radmutterschlüssel und als besondere Attraktion, ein kleiner Wagenheber

Volvo P 1800

Ichiko hieß der japanische Hersteller dieses Blechmodells mit Vorderradantrieb im Maßstab 1:18. Seine Türen ließen sich öffnen und gaben den Blick auf eine sorgfältig gestaltete Innenausstattung frei. Die Sitze ließen sich verschieben und die Rückenlehne nach vorne klappen

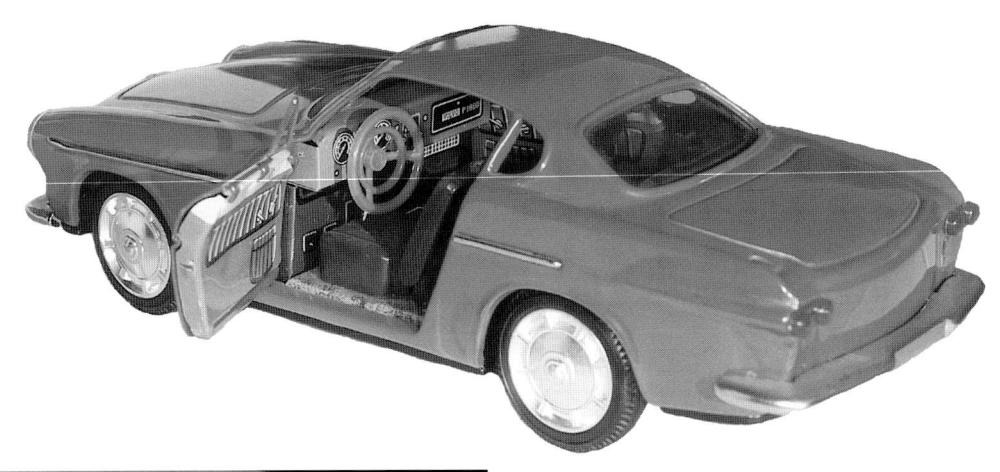

Den Schneewitchensarg mit Fernlenkung stellte Ichiko unter dem Label Asahi (Japan) im Maßstab 1:18 her. Drei Ausführungen (als Zivil-, Polizei- und Krankenwagen-Version) waren lieferbar

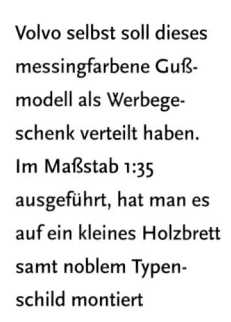

Volvo selbst soll dieses messingfarbene Guß-modell als Werbegeschenk verteilt haben. Im Maßstab 1:35 ausgeführt, hat man es auf ein kleines Holzbrett samt noblem Typenschild montiert

Kuhhorn-Stoßstangen schmückten diesen frühen 1800er, der sowohl mit Friktionsantrieb als auch mit Kabelfernsteuerung zu haben war. Die japanische Herstellerfirma des im Maßstab 1:22 gefertigten Modells firmierte kurz und bündig als »M«

Unter dem Namen Vision wurde in den USA ein sehr schweres und etwas zu klobig geratenes Porzellanmodell des P 1800 ES im Maßstab 1:18 hergestellt. Diese Modelle waren unlasiert und unlackiert. Wer wollte konnte selbst zu Farbe und Pinsel greifen

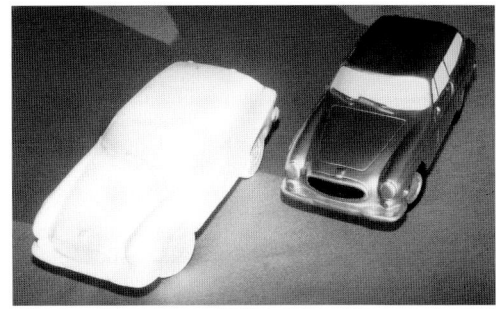

Ein extrem seltenes Rennbahnmodell aus Kunststoff im Maßstab 1:14 von einem unbekannten Hersteller aus Hongkong. Das Rennbahnset enthielt immer einen roten Jaguar E, einen hellblauen Mercedes 190 SL und eben den frühen P 1800 in grellem türkis!

Von Dinky Toys stammt dieses 105 mm lange Gußmodell im Maßstab 1:43. Es wurde von 1965 bis 1971 gebaut und war in rot sowie dunkelrot-metallic lieferbar. Seine Hauben und Türen ließen sich öffnen. Sogar als Kit – samt Farbtöpfchen – war dieses gelungene Modell unter der Nummer 1002 verfügbar

Aus den Niederlanden stammt dieses schwere Zinkgußmodell im Maßstab 1:23 von Bumper. Es wurde in vielen Farben als Fertigmodell hergestellt, selbst Sonderwünsche fanden Berücksichtigung

Im Gegensatz zu den P 1800 E waren die Bumper-ES auf der Bodenplatte einzeln numeriert und auch als Bausatz erhältlich

Volvo P 1800   99

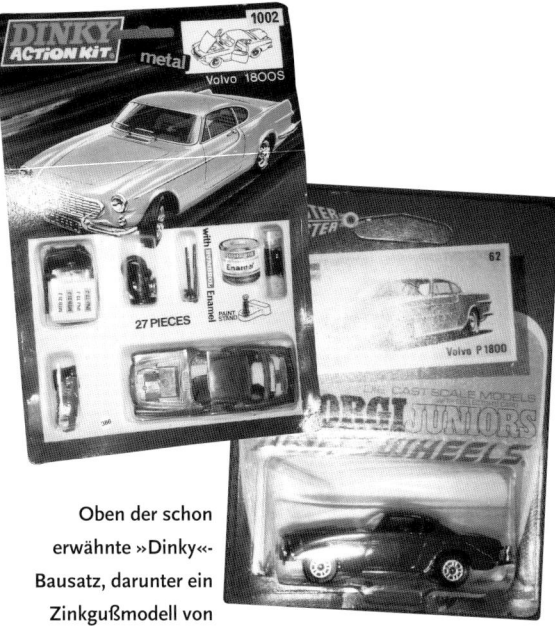

Sehr gesucht ist das Gussmodell der irischen Firma Spot-On im Maßstab 1:42. Eine Fülle von Farben sind lieferbar. Das frühere Modell, an dem auch der Kofferraum geöffnet werden konnte, gab es in einem kleineren Pappkarton

Oben der schon erwähnte »Dinky«-Bausatz, darunter ein Zinkgußmodell von Corgi Toys im Maßstab 1:66 mit den Anfang der siebziger Jahre so beliebten Whizzwheels (Leichtlaufrädern), lieferbar nur in rot mit schwarzer Motorhaube – und mit Anhängerkupplung

Von Norev aus Frankreich kam dieser P 1800 aus Kunststoff, den es erst mit Kuhhorn-, dann mit geraden Stoßstangen gab. Die im Maßstab 1:43 gehaltene Miniatur wurde in mehreren Farbtönen ausgeliefert

Dieses P 1800er-Cabrio gab es leider nie zu kaufen! Ein leidenschaftlicher Sammler hat einem 1:46 Model von Corgi Toys einfach das Dach abgeschnitten und somit auch en miniature gezeigt, daß dem P 1800 »oben ohne« gut zu Gesicht gestanden hätte

Die dänische Firma Tekno hat über einen langen Zeitraum Zinkgußmodelle in 1:43 in verschiedenen Farben, meist mit Weißwandreifen, hergestellt. Das hier gezeigte seltene Modell erschien sehr spät und mit anderen Rädern

Rechts:
Das in beige, rot oder dunkelgrün lackierte Modell des P 1800 S war das erste der Firma Rob Eddie. No. 1 steht folglich auf der Bodenplatte sowie 1969 als Jahrgang des sehr detaillierten Modells. Selbst das B20-Emblem auf dem Kühlergrill ist vorhanden

Links:
1996 erschienen sehr gelungene P 1800 ES-Modelle von Rob Eddie. Sie sind aus Metalldruckguß im 1:43er-Maßstab und werden in fünf Farben geliefert

Unten:
Die Neuauflage von Norev aus Frankreich erschien 1998. Wie das Original der sechziger Jahre aus Kunststoff im Maßstab 1:43, aber jetzt in weiß und goldmetallic lackiert und wesentlich feiner detailliert

Oben:
In verschiedenen Versionen gab es das Zinkdruckgußmodell des P 1800 ES der Firma Tin Wizzard. Das in 1:43 gehaltene Modell wurde auch als Bausatz angeboten

Unten:
Die Coupés von Tin Wizzard waren als Fertigmodell in rot, weiß und dunkelgrün lackiert und wie die Schneewittchen auch als Kit lieferbar

Volvo P 1800 **101**

Anders als das Original im Maßstab 1:1 verfügte das kleine, nur 68 mm lange Rocket-Modell von Corgie Toys über ein separates, demontierbares Chassis. Inspiriert von der Fernsehserie »The Saint« (bei uns »Simon Templar«), erschien diese Miniatur 1970 auf dem Markt

Drei Norev-Modelle aus der Vogelperspektive

Ein seltenes Gummimodell, vermutlich von Vinyline. Der Maßstab ist 1:43

Die portugiesische Firma Metosul fertigte in den achtziger Jahren dieses Trio von 1800ern im Maßstab 1:43. Außer den Polizeiautos bot man zivile P 1800 in einer kaum zu überschauenden Farbvielfalt an

Als »The Saint's P 1800« firmierte dieses 92 mm lange Corgi-Modell, das in drei Serien gefertigt wurde. Unter der Nummer 228 ging die erste Serie ab 1965 rund 315.000 mal über den Ladentisch, die zweite als Nummer 258 wurde gar über eine Million Mal verkauft. Die dritte Serie, Nummer 201, besaß dann die Whizz Wheels und wurde von 1970 bis 1972 gebaut

102　Volvo P 1800

Im Maßstab 1:88 fertigte die spanische Firma Eko über drei Jahrzehnte lang den P 1800 als Coupé in vielen verschiedenen Farben aus Kunststoff

Der Schweizer Silvio Righetti fertigte in einer Kleinserie von nur vierzehn einzeln nummerierten Modellen den P 1800 ES aus Zinkdruckguß im Maßstab 1:46

Unten:
Aus Kalkutta stammen die in vielen bunten Farben mit roten oder gelben Blumen auf der Motorhaube verzierten Exoten, der Firma Maxwell, hergestellt aus Zinkdruckguß im Maßstab 1:43

Unten:
Erst vor kurzem neu auf den Markt gekommen sind die Slot-Racer im Maßstab 1:70 der Firma Bauer, die die alten Faller-Autorennbahnen durch neue Kunststoffmodelle erweitern

Oben:
Auch ein P 1800-Modell? Vom amerikanischen Volvo P 1800 Club gab es Ende der achtziger Jahre einen Bastelbogen zum Ausschneiden und Zusammenkleben. Fertig ist der Volvo aus Schwedenpapier etwa vierzehn Zentimeter kurz

Ein seltenes Exemplar ist dieser in Singapur hergestellte 1800er der Firma Dynamic Gear, Mandarin – immer in Zinkdruckguß, immer metallic lackiert und immer mit Leichtlaufrädern

Die britische Firma Lone Star stellte im Maßstab 1:66 ein Zinkdruckguß-modell mit vielen Funktionen her. Im Bild rechts ist in der Mitte und links die alte nur hell lackierte Version mit der Bezeichnung »Impy« und rechts die spätere Version mit Rennrädern und ohne Lenkung zu sehen. Die spätere Version wurde unter der Bezeichnung »Flyers« verkauft

Auch als Modell beweist der P 1800 seine Wintertauglichkeit: Schneekugel mit Eko-Modell

Der Schlüsselanhänger für den Enthusiasten: Im Maßstab 1:87 wurden verschiedene Modelle in unterschiedlichen Legierungen gefertigt

Wem diese Modelle spanisch vorkommen, liegt genau richtig: In dekorativen kleinen Pappschachteln, waren die 1:87-Miniaturen der Firma Anguplas Anfang der sechziger Jahre in rot, blau und türkis zu erhalten

Was es sonst noch gab...

Rund um den Volvo P 1800

Stellen Sie sich vor, ein Mann kauft sich ein neues Auto und nimmt, ganz stolzer Besitzer, sein Schmuckstück am Freitag Nachmittag entgegen. Am Montag, also keine 72 Stunden später, taucht er damit wieder bei seinem Händler auf – zur allgemeinen Bestürzung: »Stimmt was nicht, ist was kaputt gegangen?«, wollen die herbeigeeilten Verkäufer und Mechaniker wissen. »Nein, wieso?«, antwortet unser Freund verwundert, der die ganze Aufregung nicht verstehen kann. »Ich will doch nur die 1500-Meilen-Inspektion machen lassen!« Woraufhin ihn die Mechaniker schlichtweg für plemplem erklären...

Kaum zu glauben – und doch wahr! Denn der Mann, von dem hier die Rede ist, heißt Irv Gordon, ist alles andere als plemplem und sein Auto – natürlich! – ein Volvo 1800 S. Den sich der Lehrer aus Patchogue, New York, 1966 neu gekauft hat und seitdem tagtäglich benützt (obwohl es in seiner Familie sieben Volvos gibt). Warum? Ganz einfach: Weil das Auto ihn nie im Stich gelassen hat und ihm noch immer jede Menge Vergnügen bereitet. Was ziemlich erstaunlich ist, denn Irv hat mittlerweile über zwei Millionen Kilometer (ja, Sie haben richtig gelesen) damit zurückgelegt. Ohne daß ein Ende abzusehen wäre, denn der rote,

Gebrauchswagen:
Irv Gordon neben seinem prachtvollen P 1800, mit dem er seit über 30 Jahren tagtäglich unterwegs ist. Und auf diese Art und Weise mehr als 2 Millionen Kilometer abgespult hat...

Museumsreif: Einer der drei Frua-Prototypen hat mittlerweile seinen Weg ins Volvo-Museum (Göteborg) gefunden. Das Strichmännchen daneben war das Symbol von »The Saint«, der bei uns als »Simon Templar« Furore machte. Seinen Heiligenschein allerdings, der ihn auf den Titeln der gleichnamigen Romane, im Vorspann der Fernseh-Serie und sogar auf der Motorhaube entsprechender Corgi-Toy-Modelle Glanz verlieh, den hat er im Lauf der Zeit eingebüßt

106 Volvo P 1800

topgepflegte 1800er erfreut sich bester Gesundheit, sieht toll aus und läuft wie ein Uhrwerk. Einfach sensationell – und allemal wert, im Guinness' Buch der Rekorde verewigt zu werden.

Der berühmteste 1800 wird freilich auf immer und ewig mit einem anderen Herrn in Verbindung gebracht: Mit »Simon Templar«, jenem von Leslie Charteris erdachten englischen Gentleman-Detektiv, dem vor allem der smarte Roger Moore zu dauerhaftem (Mattscheiben-)Ruhm verhalf. Vom Glanz des wohlerzogenen Helden – wegen seiner guten Manieren und seiner noblen Gesinnung im Original »The Saint« genannt – profitierte natürlich auch sein Wagen, ein weißer P 1800, mit dem dieser James-Bond-Vorläufer sich auf die Fährte finsterer Mächte setzte. Eigentlich sollte es ja ein Jaguar E werden – aber Produzent Robert Baker bekam einen Korb: Es gäbe mehr Käufer als Autos, verlautete es aus Browns Lane zu Coventry; noch mehr Publicity sei also kaum erwünscht. Na denn. Also schickte Baker der Legende zufolge seine Sektretärin los, die das *Observer's Book of Automobiles* kaufte. Nach dessen Studium entschied sich Baker sofort für den Volvo P 1800 als würdigen Jaguar-Vertreter – was Volvo GB entzückt zur Kenntnis nahm und sofort ein entsprechendes Exemplar zur Verfügung stellte.

So war Simon Templar bis 1967 in 71 »The Saint«-Folgen im schicken Volvo Coupé mit

Schwärmte für Schweden-Mobile: Die Filmschauspielerin und Ärztin Marianne Koch, die zunächst mit einem Jensen-Coupé unterwegs war und dann mit einen Schneewitchensarg. Warum? Vielleicht deshalb, weil sie 1963 die Hauptrolle in dem Edgar-Wallace-Film »Todestrommeln am Großen Fluß« (mit Vivi Bach und Albert Lieven) spielte – und dabei im weißen, rechtsgelenkten Amazon durch Afrika pflügte. Übrigens verkörperte Marianne Koch eine Ärztin, wie später im »richtigen« Leben

Erlesen: ein 1800 S als Zugfahrzeug. Wer Teile für das schwedische Coupé verhökert und sein Anhängerchen von just einem solchen Coupé ziehen läßt, beweist gleichermaßen Stil wie Konsequenz und Mut!

Links:
Der Heilige und sein Stuhl: Roger Moore, der »Simon Templar« Fernseh-Präsenz verlieh, fuhr in der Serie und auch privat das schicke Coupé

Der Bulle und das Auto: Jürgen Prochnow im roten 1800 E. Das schwedische Coupé bekam nichts geschenkt im Film...

dem Kennzeichen »77 GYL« unterwegs – der schwarz-weiße Simon Templar. Denn im selben Jahr begann auch für unseren englischen Freund die Ära des Farbfernsehens, was die Macher der Serie veranlaßte, sich um einem neuen fahrbaren Untersatz für ihren Helden zu bemühen. Volvo GB stellte diesmal gleich zwei Exemplare zur Verfügung: NUV 647E für Roger Moore persönlich, NUV 648E – mit Minilite-Felgen und Nebellampen – für die Fernseh-Serie. Dabei blieb es bis 1969, als Moore die Nase voll hatte und nach weiteren 43 abgedrehten Folgen das Handtuch warf.

Einen anderen bemerkenswerten Auftritt leistete sich ein wunderschöner roter 1800 in dem deutschen Kriminalfilm »Der Bulle und das Mädchen« mit Jürgen Prochnow. Prochnow durfte besagten wunderschönen roten 1800er bewegen – um ihn gegen Ende des Films höchst eindrucksvoll in einem stattlichen Gewässer zu versenken. Schade um das Schweden-Coupé? Schon! Allerdings ist der gewässerte 1800 zwar auch rot, aber zum Glück handelt es sich dabei nicht um das makellose Exemplar, das der Zuschauer bisher zu sehen bekam. Schließlich sei noch erwähnt, daß ein metallicblauer Schneewittchensarg mit Dachreling in der Folge »Geld verjährt nicht« in der Serie »Ein Fall für Zwei« eine Rolle spielt. Immerhin trägt der extravagante Sportkombi dort dazu bei, den Täter zu überführen.

Vom Film zur Wirklichkeit. Wer waren die berühmtesten Volvo 1800-Fahrer? Schwer zu sagen. Immerhin erlagen, neben Quizmaster Hans-Joachim Kuhlenkampf (der einen P 1800 E fuhr), solch unterschiedliche Menschen wie die Schauspielerin und Ärztin Marianne Koch oder der Sänger der Pop-Gruppe »The Who«, Roger Daltrey, dem Charme eines P 1800. Neben Persönlichkeiten wie Carl Gustaf von Schweden (als er noch Prinz und kein König war) oder John Gorton, Premier-Minister von Australien. Offenbar alles Leute mit Geschmack, Kultur und feiner Lebensart!

Technische Daten
Schnell nachgeschlagen

	Volvo P 1900
Volvo Sport	Typ
1956 bis 1957	Bauzeit
Vierzylinder-Viertakt-Reihenmotor, wassergekühlt, hängende Ventile, von untenliegender, über Stirnräder angetriebener Nockenwelle über Stoßstangen und Kipphebel betätigt, dreifach gelagerte Kurbelwelle	Motor (Bauart)
1.414 ccm	Hubraum
75 x 80 mm	Bohrung x Hub
70 SAE-PS bei 6.000/min	Baureihe/Leistung
Dreigang	Getriebe
Stahlrohrrahmen mit Kunststoffkarosserie	Karosserie
Einzelradaufhängung; doppelte Dreiecksquerlenker; Schraubenfedern, Querstabilisator; Teleskopstoßdämpfer	Vorderachse
Starrachse; Längslenker; Panhardstab; Schraubenfedern; Teleskopstoßdämpfer	Hinterachse
4.220 x 1.580 x 1.340 mm	Länge x Breite x Höhe
155 km/h	Höchstgeschwindigkeit
67	Stückzahl

					Volvo P 1800
P 1800	P 1800 S	P 1800 S	P 1800 E	P 1800 ES	Typ
1961 bis 1963	1963 bis 1968	1968 bis 1969	1969 bis 1972	1971 bis 1973	Bauzeit
Vierzylinder-Viertakt-Reihenmotor, wassergekühlt, hängende Ventile, von untenliegender, über Stirnräder angetriebener Nockenwelle über Stoßstangen und Kipphebel betätigt; fünffach gelagerte Kurbelwelle					Motor (Bauart)
1.780 ccm (B18-Motor)	1.780 ccm (B18-Motor)	1.986 ccm (B20-Motor)	1.986 ccm (B20-Motor)	1.986 ccm (B20-Motor)	Hubraum
B18B	B18B	B20B	B20E o. B20F (USA)	B20E o. B20 F (USA)	Motorbaureihe
84,14 x 80 mm	84,14 x 80 mm	88,9 x 80 mm	88,9 x 80 mm	88,9 x 80 mm	Bohrung x Hub
90 PS bei 5.000/min	96 PS bei 5.600/min 103 PS bei 5.600/min (ab 1965)	105 PS bei 5.500/min	120 PS bei 6.000/min (B20E bis 1971) oder 124 PS bei 6.000/min (B20E ab 1971) oder 115 PS bei 6.000/min B20F)	120 PS bei 6.000/min (B20E bis 1971) oder 124 PS bei 6.000/min (B20E ab 1971) oder 115 PS bei 6.000/min B20F)	Leistung
14,1 mkg bei 3.400/min	14,3 mkg bei 3.800/min 15,0 mkg bei 3.800/min (ab 1965)	16,0 mkg bei 3.500/min	17,0 mkg bei 3.500/min (B20E) 16,0 mkg bei 3.500/min (B20F)	17,0 mkg bei 3.500/min (B20E) 16,0 mkg bei 3.500/min (B20F)	max. Drehmoment
9,5:1	10,0:1	9,5 :1	10,5:1 (B20E) 8,7:1 (B20F)	10,5:1 (B20E) 8,7:1 (B20F)	Verdichtung

Volvo P 1800

Typ Bauzeit	P 1800 1961 bis 1963	P 1800 S 1963 bis 1968	P 1800 S 1968 bis 1969	P 1800 E 1969 bis 1972	P 1800 ES 1971 bis 1973
Kompressionsdruck	12 bis 14 atü	12 bis 14 atü	12 bis 14 atü	12 bis 14 atü (B20E) 11 bis 13 atü (B20F)	12 bis 14 atü (B20E) 11 bis 13 atü (B20F)
Ventilspiel, Einlaß (kalt/warm)	0,50 bis 0,55	0,50 bis 0,55	0,50 bis 0,55	0,40 bis 0,45	0,40 bis 0,45
Ventilspiel, Auslaß (kalt/warm)	0,50 bis 0,55	0,50 bis 0,55	0,50 bis 0,55	0,40 bis 0,45	0,40 bis 0,45
Einspritzung/Vergaser	2 x S.U. HS 6 Flachstromvergaser	2 x S.U. HS 6 Flachstromvergaser	2 x S.U. HS 6 Flachstromvergaser oder 2 x Zenith-Stromberg-Flachstrom 175 CD-2 SE (US- und Kanada-Ausführung alle, Europa z.T.)	elektronische Einspritzung Bosch D-Jetronic	elektronische Einspritzung Bosch D-Jetronic
Leerlaufdrehzahl, Handschaltgetriebe	600 bis 800/min (betriebswarm)	600 bis 800/min (betriebswarm)	600 bis 800/min (betriebswarm)	900/min (betriebswarm)	900/min (betriebswarm)
Leerlaufdrehzahl, Automatikgetriebe		750/min (betriebswarm, Wählhebelstellung N)	750/min (betriebswarm, Wählhebelstellung N)	800/min (betriebswarm, Wählhebelstellung N)	800/min (betriebswarm, Wählhebelstellung N)
Abgaswert bei Leerlauf	2,5 bis 4,5% CO	2,5 bis 4,5% CO	2,5 bis 4,5% CO	1,0 bis 2,0% CO (Handschaltgetriebe) 0,5 bis 1,0% CO (Automatikgetriebe)	1,0 bis 2,0% CO (Handschaltgetriebe) 0,5 bis 1,0% CO (Automatikgetriebe)
Förderdruck der Kraftstoffpumpe	0,11 bis 0,25 atü gemessen in Pumpenhöhe	0,11 bis 0,25 atü gemessen in Pumpenhöhe	0,11 bis 0,25 atü gemessen in Pumpenhöhe	Sollwert max 4,0 atü, Systemdruck nach Druckregler (an Einspritzventilen) 2 bis 2,2 atü	Sollwert max 4,0 atü Systemdruck nach Druckregler (an Einspritzventilen) 2 bis 2,2 atü
Keilriemengröße	HC 38x35"	HC 38x35"	Rechtslenker: HC 38x988 Linkslenker: HC 38x888	Rechtslenker: HC 38x988 Linkslenker: HC 38x888	Rechtslenker: HC 38x988 Linkslenker: HC 38x888
Elektrik					
Bordspannung	12 Volt, Minus an Masse	12 Volt, Minus an Masse	12 Volt, Minus an Masse	12 Volt, Minus an Masse	12 Volt, Minus an Masse
Zündspule	Bosch 0 221 111 010	Bosch 0 221 111 010 (4.63-8.67) Bosch 0 221 111 015 (9.67-8.68)	Bosch 0 221 102 054 (8.68-8.69)	Bosch 0 221 102 067 (9.69-7.70) Bosch 0 221 102 054 (8.70-7.73)	Bosch 0 221 102 054 (8.70-7.73)
Zündverteiler	Bosch VJU 4 BL 33 oder Bosch VJ 4 BL 34 oder Bosch JC 4 oder Bosch JFR 4	Bosch VJU 4 BL 33 oder Bosch VJ 4 BL 34 oder Bosch JC 4 oder Bosch JFR 4	Bosch JFUR 4	Bosch JFURX 4	Bosch JFURX 4
Schließwinkel	60° ±3°	60° ±3°	59° bis 65°	59° bis 65°	59° bis 65°
Zündzeitpunkt (ohne Unterdruck)	15° bis 17° vor OT bei 1500/min	15° bis 17° vor OT bei 1500/min	10° vor OT bei 600-800/min	10° vor OT bei 600-800/min	10° vor OT bei 600-800/min
Zündfolge	1 - 3 - 4 - 2	1 - 3 - 4 - 2	1 - 3 - 4 - 2	1 - 3 - 4 - 2	1 - 3 - 4 - 2
Zündkerzen	Bosch W 225 T 1	Bosch W 225 T 1	Bosch W 200 T 35	Bosch W 240 T 35 (B 20 E) Bosch W 200 T 35 (B 20 F)	Bosch W 240 T 35 (B 20 E) Bosch W 200 T 35 (B 20 F)
Elektrodenabstand	0,7 mm–0,8 mm	0,7 mm–0,8 mm	0,7 mm–0,8 mm	0,7 mm–0,8 mm	0,7 mm–0,8 mm
Batterie	12 V 60 Ah	12 V 60 Ah	12 V 60 Ah	12 V 60 Ah	12 V 60 Ah
Anlasser	Bosch EGD 1/12 AR 37 1 PS	Bosch EGD 1/12 AR 37 1 PS	Bosch EGD 1/12 AR 37 1 PS	Bosch GF 12 V 1 PS	Bosch GF 12 V 1 PS

Volvo P 1800

P 1800 1961 bis 1963	P 1800 S 1963 bis 1968	P 1800 S 1968 bis 1969	P 1800 E 1969 bis 1972	P 1800 ES 1971 bis 1973	Typ Bauzeit
Bosch LJ/GG 240/12/2400 AR 7 (Gleichstrom)	Bosch LJ/GG 240/12/2400 AR 7 (Gleichstrom) bis 8.66 oder Bosch G 14 V 30 A 25-027 (30 A)	S.E.V. Motorola 14 V-71270202 (35 A) oder 14 V-34833 (55 A) Bosch K1-14 V 35 A-20 (35 A) oder Bosch K1-14 V 55 A-20 (55 A)	S.E.V. Motorola 14 V-71270202 (35 A) oder 14 V-34833 (55 A) Bosch K1-14 V 35 A-20 (35 A) oder Bosch K1-14 V 55 A-20 (55 A)	S.E.V. Motorola 14 V-71270202 (35 A) oder 14 V-34833 (55 A) Bosch K1-14 V 35 A-20 (35 A) oder Bosch K1-14 V 55 A-20 (55 A)	Lichtmaschine
Bosch RS/VA/240/12/2	Bosch RS/VA/240/12/2 oder Bosch VA 14 V 30 A	Bosch RS/VA/240/12/2 oder Bosch VA 14 V 30 A	SEV Motorola 14 V 33525 oder 33544 Bosch AD-14V	SEV Motorola 14 V 33525 oder 33544 Bosch AD-14V	Lichtmaschinenregler
					Achsen
Einzelradaufhängung mit Dreiecksquerlenkern, Schraubenfedern, Kurvenstabilisator und Teleskopstoßdämpfern					Vorderachse (Bauart)
0 bis 4 mm	0 bis 4 mm	0 bis 4 mm	0 bis 3 mm	0 bis 3 mm	Spur
0° bis +0,5°	0° bis +0,5°	0° bis +0,5°	0° bis +0,5°	0° bis +0,5°	Sturz
0° bis +1°	0° bis +1°	0° bis +1°	0° bis +1°	2° bis +2,5°	Nachlauf
8°	8°	8°	8°	8°	Spreizung
165 SR 15 auf 4,5J x 15	165 SR 15 auf 4,5J x 15	165 SR 15 auf 4,5J x 15	165 HR 15 auf 5J x 15	185/70 HR 15 auf 5,5J x 15	Reifen und Felgen
1,8 atü kalt	1,8 atü kalt	1,8 atü kalt	1,8 atü kalt	1,7 atü kalt	Druck vorn
2,0 atü kalt	2,0 atü kalt	2,0 atü kalt	2,0 atü kalt	1,9 atü kalt	Druck hinten
Starrachse mit Längslenkern, Schubstreben, Schraubenfedern, Panhardstab und Teleskopstoßdämpfern					Hinterachse (Bauart)
					Füllmengen
3,25/3,75 (mit Wärmetauscher-ölkühler:4,0) Liter	3,25/3,75 (mit Wärmetauscher-ölkühler:4,0) Liter	3,25/3,75 (mit Wärmetauscher-ölkühler:4,0) Liter	3,25/3,75 (mit Wärmetauscher-ölkühler:4,0) Liter	3,25/3,75 (mit Wärmetauscher-ölkühler:4,0) Liter	Motoröl (ohne/mit Filter)
Viergang mit Overdrive (M 41): 1,4 Liter (bis 1968: Laycock Type D), 1,6 Liter (ab 1968: Laycock Type J) / Viergang (M40): 0,75 Liter					Schaltgetriebe
—	—	—	Borg-Warner (BW35): 6,2 bis 6,4 Liter, je nach Ausführung	Borg-Warner (BW35): 6,2 bis 6,4 Liter, je nach Ausführung	Automatikgetriebe
1,3 Liter	1,3 Liter	1,3 Liter	1,3 Liter	1,3 Liter	Differential
8,5 Liter	8,5 Liter	8,5 Liter	8,5 Liter	8,5 Liter	Kühlsystem
					Anzugsdrehmomente
40 Nm, 80 Nm und nach 10 Minuten Motorlaufzeit: 90 Nm	40 Nm, 80 Nm und nach 10 Minuten Motorlaufzeit: 90 Nm	40 Nm, 80 Nm und nach 10 Minuten Motorlaufzeit: 90 Nm	40 Nm, 80 Nm und nach 10 Minuten Motorlaufzeit: 90 Nm	40 Nm, 80 Nm und nach 10 Minuten Motorlaufzeit: 90 Nm	Zylinderkopf Anzug (Schrauben eingeölt) in drei Stufen:
120 bis 130 Nm	120 bis 130 Nm	120 bis 130 Nm	120 bis 130 Nm	120 bis 130 Nm	Hauptlager
52 bis 58 Nm	52 bis 58 Nm	52 bis 58 Nm	52 bis 58 Nm	52 bis 58 Nm	Pleuellager
50 bis 55 Nm mit $^5/_{16}$"-Schrauben, 70 bis 80 Nm bei $^5/_8$"-Schrauben	50 bis 55 Nm mit $^5/_{16}$"-Schrauben, 70 bis 80 Nm bei $^5/_8$"-Schrauben	50 bis 55 Nm mit $^5/_{16}$"-Schrauben, 70 bis 80 Nm bei $^5/_8$"-Schrauben	50 bis 55 Nm mit $^5/_{16}$"-Schrauben, 70 bis 80 Nm bei $^5/_8$"-Schrauben	50 bis 55 Nm mit $^5/_{16}$"-Schrauben, 70 bis 80 Nm bei $^5/_8$"-Schrauben	Schwungrad
35 bis 40 Nm	35 bis 40 Nm	35 bis 40 Nm	35 bis 40 Nm	35 bis 40 Nm	Zündkerzen
100 bis 140 Nm	100 bis 140 Nm	100 bis 140 Nm	100 bis 140 Nm	100 bis 140 Nm	Radmuttern
					Sonstige Angaben
selbsttragend	selbsttragend	selbsttragend	selbsttragend	selbsttragend	Karosserie
4.350 x 1.700 x 1.285 mm	4.350 x 1.700 x 1.285 mm	4.350 x 1.700 x 1.285 mm	4.350 x 1.700 x 1.285 mm	4.400 x 1.700 x v1.285 mm	Länge x Breite x Höhe
170 km/h	175 km/h	180 km/h	190 km/h	185 km/h	Höchstgeschwindigkeit

Dank

Keine Frage: Ohne vielfältige Hilfe und Unterstützung wäre dieses Werk nie zustande gekommen! So gilt unser besonderer Dank:

- Frau Dr. Marianne Koch
- Frau Gabriele Fink, VOLVO Deutschland, Köln
- Frau Grazia Bergagna, Ghia S.p.A., Turin
- Frau Wiebke Siebenhaar, Bargteheide
- Herrn Notker Hilbrenner, VOLVO Club Deutschland e.V., Moers
- Herrn Hannes G. Unterberger, VOLVO Club Österreich, Wien
- Herrn Hans U. Fröhlich und Herrn Grimm, VOLVO-Häusermann, Zürich
- Herrn Peter Heinrich, Denzel-Automobile, Wien
- Herrn Peter Stauder, Königswinter, danken wir besonders für die gute Zusammenarbeit beim Kapitel „Modelle"
- Herrn Max D. Steinberg, Wuppertal
- Herrn Peter Stauder, Königswinter
- Herrn Rob de la Rive Box, Brunnen
- Herrn Tomas Ekman, Motala
- Herrn Tony Gale, London
- Herrn Kevin Price, St. Agnes
- Herrn Stefan Schwanke, Konstanz
- Herrn Michael Wagner, WAGNER & GÜNTHER GmbH, Hamburg
- Herrn Peter Ludwig, WAGNER & GÜNTHER GmbH, Hamburg
- Herrn Horst Benz, Waiblingen
- Herrn Joachim Waldkirch, MCS, Riedstadt
- Herrn Theo Balters, Krefeld
- Herrn Hartmut Hellendorn, Stuttgart
- Herrn Alfred Erckens, Untergrombach
- Herrn Fritz Schöbel, Plüderhausen
- Herrn Thomas Finke, Oberweißbach
- Herrn Erwin Renkes, Krefeld
- Herrn Pelle Petterson, Kullavik, Schweden
- Herrn Jan Wilsgard, Kullavik, Schweden
- Herrn Erik Larsson, Oxie, Schweden
- Frau Renate Samra, Wilh. Karmann GmbH, Osnabrück
- Frau Karin Schlesiger, Wilh. Karmann GmbH, Osnabrück
- Herrn Günther Ulfik, Neuenhain
- Herrn Detlef Hebestreit, Stadecken

Ferner möchten wir all jenen danken, die an dieser Stelle nicht genannt werden wollen (oder, vielleicht sollten wir uns auch mit diesem Gedanken anfreunden, die von uns schlicht vergessen wurden), aber trotzdem ihre Autos – im Maßstab 1:1 oder kleiner –, ihre seltenen Prospekte oder einfach nur Rat und Tat zur Verfügung gestellt haben. Klar, daß ohne diese großzügigen und hilfsbereiten Menschen alles ganz anders ausgesehen hätte!

Ein besonderer Toast gilt schließlich noch Ulla Bergwall, VOLVO Hist. Arkiv/Celero Support, Göteborg, die, obwohl bis Unterkante Oberlippe in Arbeit steckend, stets ein offenes Ohr für unsere bisweilen ausgefallenen Wünsche hatte. Tack, Ulla!

Bildnachweis

- VOLVO Deutschland GmbH, Köln
- VOLVO Historiska Arkiv/ Celero Support, Göteborg
- Kinoarchiv Peter Engelmeier/ pwe-Verlag, Hamburg
- Ghia S.p.A., Turin
- Coggiola Carrozziere S.p.A., Beinasco
- Zagato Car S.r.l., Terrazzano di Rho
- Pictorial Press, London
- Wolfgang DENZEL Aktiengesellschaft, Wien
- Häusermann Automobile AG, Zürich und Effretikon
- Notker Hilbrenner, Moers
- Tomas Ekman, Motala
- Archiv Dieter Günther, Hamburg
- Archiv Walter Wolf, Riedstadt
- Pelle Petterson, Kullavik, Schweden
- Atelier Busche, Waiblingen
- Johannes Hübner, Friedberg

Lieber Leif!

Etwas verspätet, aber dafür von ganzem Herzen:

Fröhliche Weihnachten 1998!

Deine

Trixi